Anne Ridder

Rund um den Apfel!

Neue **Rezepte** – raffiniert, lecker, vielseitig

Impressum

Copyright © 2013 by Cadmos Verlag, Schwarzenbek
Gestaltung und Satz: Ravenstein, Verden
Lektorat: Anneke Fröhlich

Titelfoto und Fotos im Innenteil: André Chales de Beaulieu

Druck: Westermann Druck, Zwickau

Deutsche Nationalbibliothek – CIP-Einheitsaufnahme
Die Deutsche Nationalbibliothek verzeichnet diese
Publikation in der Deutschen Nationalbibliografie;
detaillierte bibliografische Daten sind im Internet über
http://dnb.ddb.de abrufbar.

Printed in Germany

ISBN 978-3-8404-3518-8

Hinweis

Die in diesem Buch enthaltenen Angaben wurden nach
bestem Wissen erstellt und vom Verlag mit größtmöglicher
Sorgfalt überprüft. Eine Verantwortung und Haftung für
etwaige inhaltliche Unrichtigkeiten kann jedoch nicht
übernommen werden.

Vorwort

Liebe Hobbyköchinnen und -köche,

das Apfelkochbuch ist mein fünftes Kochbuch – und ich habe es mit besonders großer Liebe und Freude geschrieben. Äpfel wurden in unserer Familie lange Zeit etwas „sträflich" behandelt; es gab sie mal „nur so", als Snack für zwischendurch, oder mal für einen Kuchen. Die ganze Vielfalt haben wir erst kennengelernt, als ich für dieses Buch ausprobiert habe, in welchen Zubereitungsarten und mit welchen Zutaten Äpfel eingesetzt werden können. Und heute sind wir überzeugt: Äpfel stecken prallvoll mit Aromen und sind eine Basis für wirklich wunderbare Gerichte.

Begeben Sie sich mit mir auf einen Ausflug durch die vielen Möglichkeiten, mit Äpfeln zu kochen, zu backen und sie auf viele andere Art und Weise zu verarbeiten. Lassen Sie sich inspirieren von köstlichen Vorspeisen, Suppen und Salaten, probieren Sie herzhafte ebenso wie süße Hauptspeisen mit dem vielseitigen Obst und genießen Sie fruchtige Nachspeisen.

Natürlich darf in einem Buch mit dem Apfel im Mittelpunkt auch das Backwerk nicht fehlen. Im letzten Abschnitt des Buches lade ich Sie ein, Apfelzubereitungen in Form von Getränken und eingekochten Spezialitäten mal wieder neu kennenzulernen.

Nehmen Sie sich Zeit für die ganze Vielfalt der Apfelküche und damit auch Zeit für genussvolles Kochen und Essen allein, zu zweit oder mit Familie und Freunden.

Herzlichst Ihre

Anne Ridder

Inhalt

Der Apfel – unser liebstes Obst --------- 8

Heimisch seit dem Mittelalter ----------- 8

Rund und gesund ------------------------- 9

Die große Sortenvielfalt ---------------- 10

Boskoop ------------------------------- 11

Braeburn ------------------------------ 12

Cox Orange ---------------------------- 12

Elstar --------------------------------- 12

Gala Royal ---------------------------- 12

Golden Delicious ---------------------- 13

Granny Smith ------------------------- 13

Jonagold ------------------------------ 13

Rubinette ----------------------------- 13

Tipps für Einkauf und Lagerung ------ 14

Hinweise zur Benutzung
des Buches --------------------------- 15

Wahl der Apfelsorte ----------------- 15

Backofentemperatur ----------------- 15

Portionsangaben in diesem Buch - 15

Abkürzungen ------------------------- 15

Vorspeisen, Suppen und Salate -------- 16

Apfel-Zucchini-Puffer ------------------- 16

Hähnchenteller mit Apfelchutney ---- 19

Apfel-Lachs-Röllchen -------------------- 20

Apfel-Matjes-Teller --------------------- 21

Apfel-Zwiebel-Schnecken -------------- 22

Salatteller mit Apfeldressing ---------- 23

Schnitzelnuggets mit
Apfel-Cranberry-Soße ------------------- 25

Apfel-Curry-Suppe ---------------------- 26

Cremige Apfel-Sellerie-Suppe --------- 28

Schnelle Apfel-Linsen-Suppe --------- 29

Kartoffel-Apfel-Suppe mit
Rote-Bete-Einlage ----------------------- 31

Lauwarme Apfelsuppe mit
Vanilleeis -------------------------------- 32

Apfel-Wein-Suppe mit
Schneeflöckchen ------------------------- 32

Apfel-Porree-Salat ---------------------- 34

Apfel-Sauerkraut-Salat ----------------- 34

Lauwarmer Apfel-Thunfisch-Salat ---- 37

Apfel-Rote-Bete-Salat ------------------ 38

Apfel-Krabben-Salat -------------------- 38

Apfel-Rindfleisch-Salat ----------------- 39

Hauptgerichte ---------------------------- 40

Gulasch mit Äpfeln --------------------- 40

Apfel-Sauerbraten ---------------------- 42

Kartoffel-Apfel-Auflauf
mit Rinderwurst ------------------------- 43

Spaghetti mit Apfel-Porree-Soße ----- 45

Gebratene Leber mit Apfel-
Champignon-Gemüse ------------------ 46

Apfel-Kartoffel-Püree mit
Speck und Zwiebeln -------------------- 47

Fisch in Apfel-Weißwein-Soße -------- 48

Süßsaures Apfelgemüse zu
gebratenem Lachs ---------------------- 50

Entenbrustfilets mit Zwiebel-
Apfel-Gemüse -------------------------- 51

Herzhafte Apfel-Blätterteigpastete --- 53

Apfel-Zwiebel-Quiche ------------------ 54

Hackfleisch-Apfel-Frikadellen --------- 55

Hähnchen-Apfel-Geschnetzeltes ----- 56

Rinder-Apfel-Rouladen ---------------- 59

Apfel-Gnocchi-Topf -------------------- 60

Apfelsauerkraut -------------------------- 60

Apfelrisotto ----------------------------- 61

Apfelpfannkuchen---------------------- 62

Apfelflammkuchen --------------------- 64

Süßer Nudel-Apfel-Auflauf ----------- 65

Quarkknödel mit
Apfel-Wein-Kompott-------------------- 67

Apfelmilchreis -------------------------- 68

Versunkene Äpfel in Milchreis-------- 69

Spekulatiusapfel im Teigmantel ------- 70

Nachspeisen ----------------------------- 72

Zimtsahneapfel auf Vanilleeis --------- 72

Apfeldessert mit Joghurthaube ------- 74

Calvados-Sahne-Creme---------------- 74

Apfelgrütze auf Eis --------------------- 75

Bratapfel mit Cornflakes-
Schoko-Füllung------------------------- 76

Apfel-Rum-Rosinen-Creme ----------- 76

Apfel-Joghurtmousse ------------------ 77

Bratapfel aus der Pfanne
mit Vanillesoße ------------------------- 79

Apfel-Tiramisu-------------------------- 80

Wintertraum mit
Apfel und Spekulatius ------------------ 82

Apfel-Aprikosen-Mus mit
Häubchen ------------------------------- 82

Selbstgebackenes ----------------------- 84

Apfelstreuselkuchen-------------------- 84

Apfel-Baiser-Schnitten ------------------ 86

Apfelkuchen mit Frischkäsehaube --- 87

Apfeltorte mit
gebackener Weincreme --------------- 89

Apfel-Nussnugat-Kuchen vom Blech--- 90

Mohn-Marzipan-Torte
mit Apfelfüllung------------------------- 90

Apfel-Käsekuchen ----------------------- 92

Schnelle Apfelteilchen ------------------ 95

Gedeckter Apfelkuchen vom Blech -- 96

Apfel-Haferflocken-Kuchen ----------- 97

Apfelstrudel----------------------------- 98

Apfelwaffeln mit Zimtsahne ---------100

Apfel-Knusperkekse -------------------100

Apfel-Zimt-Muffins --------------------101

Apfel-Walnuss-Brot--------------------103

Apfel-Rosinen-Brot --------------------104

Getränke und Eingemachtes ---------106

Apfelsaft--------------------------------106

Apfel-Zimt-Likör------------------------108

Apfel-Powerdrink ----------------------108

Apfelbowle------------------------------109

Apfel-Teepunsch -----------------------110

Heißer Apfelwein mit Pflaume -------110

Heißer Apfelpunsch mit Schuss ------111

Apfelmus -------------------------------112

Apfel-Mango-Mus----------------------114

Apfelgelee------------------------------114

Dreifrucht im Glas --------------------115

Bratapfelkonfitüre ---------------------116

Apfel-Marzipan-Konfitüre------------117

Apfel-Holunder-Gelee-----------------117

Apfel-Johannisbeer-Gelee------------118

Apfel-Mirabellen-Konfitüre ----------118

Apfelwein ------------------------------119

Apfelessig -------------------------------121

Aromatischer Apfelessig--------------122

Feiner Apfelsenf------------------------122

Apfel-Zwiebel-Schmalz ----------------125

Anhang -----------------------------------126

Alphabetisches Verzeichnis
der Rezepte -----------------------------126

Der Apfel –
unser liebstes Obst

Er ist die unangefochtene Nummer eins im Obstkorb: Kein anderes Obst wird mehr gekauft, gegessen, verarbeitet und gekocht als der Apfel. Bevor in diesem Buch die Rezepte mit dem Apfel als Hauptdarsteller im Mittelpunkt stehen, lohnen sich ein paar kurze Blicke auf die runde Frucht – auf ihre Herkunft, ihren gesundheitlichen Nutzen, ihre Sortenvielfalt und ihre Ansprüche an die Lagerung.

Heimisch seit dem Mittelalter

Der Apfel, mit wissenschaftlichem Namen Pirus malus, hat in den verschiedenen deutschsprachigen Regionen diverse Bezeichnungen. Doch ob als Affalter, Affolter, Appel, Eppel, Höltje, Surappel, Sürkel oder Sürken: Immer gilt, dass der Apfel, der zur Familie der Rosengewächse gehört, beliebt ist wie kein an-

Jedes Kind weiß es: Äpfel sind lecker und gesund! (Foto: Shutterstock.de/pamuk)

deres Obst. Rund 20 Kilogramm verzehrt der Durchschnittsdeutsche pro Jahr, hinzu kommen in flüssiger Form noch rund elf Liter Apfelsaft. Ursprünglich stammt der Apfel aus Asien, doch bereits seit dem Mittelalter wird er in Europa kultiviert und ist hier nicht nur in Obstplantagen, sondern auch in sehr vielen Gärten seit Langem heimisch geworden. Um kein anderes Obst ranken sich zudem so viele Geschichten und Mythen, kein anderes hat in so viele Märchen, Gedichte und Lieder Eingang gefunden – und natürlich in der Bibel. Der Apfel ist ein uraltes Symbol der Erde, der Vollkommenheit und Offenbarung; außerdem wird er den Göttinnen der Liebe und Fruchtbarkeit zugeordnet. Bekannt sind

Geschichten wie die des Zauberapfels, der verjüngen soll, die Legende vom Paradiesbaum, dessen Früchte unsterblich machen sollten, oder von der geheimen Insel der Apfelbäume, auf der alle Wunden heilten. Herrscher dieser Welt trugen den „Reichsapfel" als Symbol der verkleinerten Weltkugel.

Rund und gesund

Äpfel sind kalorienarm, aber außerordentlich reich an Vitaminen und Mineralstoffen sowie an sekundären Pflanzenstoffen und Ballaststoffen. Zu Letzteren gehört das Pektin, ein natürlicher Quellstoff, der viel Wasser binden kann. Auf diese Weise können Giftstoffe aus dem Darm gebunden und aus dem Körper geleitet werden. Ein englisches Sprichwort lautet: „An apple a day keeps the doctor away", was so viel bedeutet wie: „Ein Apfel am Tag – Arzt gespart."

Äpfeln werden viele gesundheitsfördernde Eigenschaften zugesprochen.

Sie
- stärken die Abwehrkräfte,
- gelten als krebsvorbeugend,
- reinigen das Blut,
- senken den Cholesterinspiegel,
- regen den Stoffwechsel an,
- beruhigen einen überreizten Darm,
- fördern und regulieren die Verdauung,
- schützen die Gefäße und das Herz.

Empfohlen wird der Verzehr von einem bis zwei Äpfeln pro Tag, am besten roh und mit Schale. Je dunkler die Apfelschale, umso vitaminhaltiger der Apfel. Vor dem Verzehr sollte man Äpfel gründlich waschen, um eventuelle Spritzmittelrückstände zu entfernen. Beim Einkauf sollte man möglichst schonend erzeugte Früchte aus der Region bevorzugen. Eine leckere Alternative für alle, die nicht gern rohes Obst essen, sind getrocknete Apfelringe.

Hier noch einige Einsatzmöglichkeiten von Äpfeln als Hausmittel – zum Teil aus dem Bereich der Erfahrungsheilkunde, zum Teil wissenschaftlich erwiesen:

- Ein Apfel vor dem Schlafengehen verringert Schlafstörungen.
- Ein Apfel am Morgen hilft beim Wachwerden.

- Bei morgendlicher Schwangerschaftsübelkeit kann das Essen eines Apfels vor dem Aufstehen die Beschwerden deutlich lindern.
- In Honig gebratene Äpfel helfen bei Heiserkeit.
- Aus geriebenem Apfel kann man Schönheitsmasken herstellen.
- Bei rheumatischen Beschwerden kann ein Wickel mit geriebenen Äpfeln helfen. Bei einer akuten Entzündung sollte der Wickel kalt angewendet werden, bei einer chronischen Entzündung warm.
- Apfelmost gilt vor allem für ältere Menschen als hilfreiches Mittel zur Kräftigung und Heilung.
- Frische Apfelblätter als Tee zubereitet sind lecker und regen den Gallenfluss an.

Die große Sortenvielfalt

Weltweit sind mittlerweile mehr als 20 000 Apfelsorten bekannt, davon allein in Deutschland rund 4000. Viele Sorten sind schon sehr alt, einige gibt es nur in bestimmten Regionen. Besonders diese Sorten gehören oft zu den kulinarischen Schätzen ihrer Heimat.

Leider finden wir auch beim gut sortierten Lebensmittelhändler meistens nur eine gute Handvoll Sorten. Viele alte Sorten geraten in Vergessenheit, was sehr schade ist, da gerade sie oft besonders aromatisch sind.

Zum Glück werden auf vielen Streuobstwiesen wieder vermehrt alte Apfelsorten angebaut. Diese Wiesen leisten ihren Beitrag zum Erhalt der Sortenvielfalt und bieten zugleich den verschiedensten Tier- und Pflanzenarten einen Lebensraum.

Grob unterteilt werden Sommer-, Herbst- und Winteräpfel. Sommeräpfel wie „Weißer Klarapfel", „James Grieve" oder „Piros" genießt man trotz ihres Namens erst in den späten Sommer- bis frühen Herbstmonaten; sie sollten möglichst schnell verarbeitet und verzehrt werden, da sie nur begrenzt lagerfähig sind.

Herbstäpfel wie „ Elstar" oder „Gravensteiner" lassen sich sowohl sofort verzehren als auch hervorragend lagern, sodass man noch länger Leckereien wie Apfelkuchen oder Apfelmus zubereiten und genießen kann.

Winteräpfel wie „Roter Boskoop", „Cox Orange" oder „Goldparmäre" haben ihre Genussreife in der kalten Jahreszeit erreicht; sie brauchen vorher eine bestimmte Lagerzeit. Im Volksmund heißen einige Sorten der Winteräpfel auch „Nikolausäpfel" oder „Weihnachtsäpfel". Einige der späten Sorten eignen sich besonders gut – oder auch ausschließlich – für die Most- und Saftzubereitung.

Für jede Art der Zubereitung gibt es ideale Apfelsorten – so sind zum Beispiel „Boskoop", „Cox Orange" oder „Jonagold" sogenannte Backäpfel. Apfelmus hingegen gelingt besonders gut mit Kochäpfeln, die gut zerfallen und trotzdem noch saftig bleiben. Ein hervorragender Apfel für das erste Apfelmus der neuen Erntesaison ist der Klarapfel. Für Gerichte, bei denen der Apfel beim Garen seine Form behalten sollte, eignen sich besonders Sorten wie „Jonagold" oder „Elstar". Grundsätzlich gilt aber eigentlich nur zu beachten, dass süße Speisen mit eher säuerlichen Äpfeln besser schmecken, pikante Gerichte jedoch eher durch süßere Apfelaromen bereichert werden.

Hier ein kurzer Überblick über die wohl bekanntesten Sorten. Doch seien Sie neugierig und probieren Sie auch Apfelsorten, deren Namen nicht so bekannt sind – vielleicht erschmecken Sie sich auf diese Weise ja Ihren ganz persönlichen Lieblingsapfel.

Boskoop

Seine Schale ist eher dick und rau, sodass er am besten geschält schmeckt. Der Boskoop ist ein fruchtig-säuerlicher Apfel mit mürbem Fruchtfleisch. Er eignet sich hervorragend zum Kochen, Braten und Backen, aber auch für Konfitüren.

Braeburn

Seine Schale ist überwiegend rot, seine Säure und sein Aroma sind nur schwach ausgeprägt. Der Tafelapfel mit knackiger Konsistenz sollte schnell verzehrt oder verarbeitet werden, da er bei längerer Lagerung mehlig wird. Der Braeburn ist auch ein hervorragender Koch- und Backapfel.

Cox Orange

Der Apfel ist klein bis mittelgroß mit dünner, rauer Schale. Er schmeckt feinsäuerlich, ist sehr aromatisch und hat ein festes Fruchtfleisch. Er eignet sich für Koch- und Backgerichte, aber auch für die Zubereitung von Apfelmus und Apfelsaft.

Elstar

Er zeigt sich in gelber bis hellroter Schale, hat eine erfrischende, feine Säure, aber auch viel Süße und ist von der Konsistenz her etwas mürbe. Er schmeckt frisch aus der Hand, aber auch gekocht, gegart und gedünstet sehr gut.

Gala Royal

Sein Erscheinungsbild ist mittelgroß, goldgelb bis rot. Sein Geschmack ist süß-aromatisch, seine Konsistenz saftig. Bei längerer Lagerung verliert er seine Säure und der Geschmack wird fade. Der Gala Royal ist ein Tafelapfel, der sich für die Zubereitung vieler Gerichte eignet.

Golden Delicious

Ein eher großer Apfel mit gelbgrüner Schale, süß-aromatisch und schön knackig. Er hat nur wenig Säure und wird bei zu langer Lagerung ein wenig mürbe. Dieser Tafelapfel schmeckt auch sehr gut in Obstsalaten.

Granny Smith

Charakteristisch für diesen Apfel sind seine grasgrüne Farbe und die glatte, etwas wachsartige Schale. Er ist sehr saftig und leicht säuerlich, seine Konsistenz ist fest. Er eignet sich für Desserts und für Obstsalate, schmeckt aber zum Beispiel auch in einem Apfelchutney sehr gut.

Jonagold

Diese Sorte ist eine Kreuzung aus Golden Delicious und Jonathan. Der Apfel zeigt sich in einem satten Gelb bis leuchtenden Rot. Das Fruchtfleisch ist knackig, schön süß und leicht säuerlich. Der Jonagold schmeckt als Tafelapfel, aber auch als Back-, Koch- und Bratapfel sowie in Konfitüren.

Rubinette

Dieser Apfel ist grünlich gelb mit rötlichen Streifen an seiner „Sonnenseite". Er ist fruchtigaromatisch und saftig. Er ist ein Tafelapfel und für die Zubereitung vieler Gerichte geeignet.

Tipps für Einkauf und Lagerung

Von außen sieht man Äpfeln oft nicht an, ob sie saftig und reif oder eher säuerlich und noch unreif oder sogar trocken sind. Deshalb beachten Sie beim Kauf bitte folgende Punkte:

- Äpfel sollten prall und glatt sein und ihre Haut ohne Dellen.
- Ein eingesunkener Blütenansatz deutet darauf hin, dass der Apfel reif geerntet wurde.
- Schnuppern Sie ruhig mal an den Äpfeln, die Sie kaufen möchten: Duften sie nach Apfel, dann schmecken sie auch danach.
- Die Farbe eines Apfels hat nichts mit seinem Reifezustand zu tun. Manche Äpfel bleiben auch bei optimaler Reife grasgrün.
- Die Frage, ob kleine oder große Äpfel besser schmecken, lässt sich nicht generell beantworten und ist Geschmackssache. Außerdem haben Äpfel sortentypische Größen.

Haben Sie einen Apfelbaum im Garten? Dann sollten Sie für die Ernte und Lagerung ein paar wichtige Punkte berücksichtigen, denn bei richtiger Lagerung schmecken Herbst- und Winteräpfel bis zum nächsten Frühjahr.

- Äpfel behutsam und am besten mit Stiel ernten, damit sie nicht zur Fäule neigen.
- Der beste Lagerplatz für Äpfel ist ein kühler Ort, zum Beispiel im Keller, im Kühlschrank oder vor dem ersten Frost noch im Freien in einem abgedeckten Gebinde.

- Große Mengen sollten in spezielle Holzlagerkisten gelegt werden, wobei sich die Früchte möglichst nicht berühren sollten.
- Äpfel können zur Lagerung auch gut in Plastiktüten verpackt werden. Dadurch wird zum einen das Austrocknen der Früchte verhindert, zum anderen verlangsamt die sauerstoffarme Atmosphäre den Reifungs- und Alterungsprozess.
- Eine regelmäßige Kontrolle der gelagerten Äpfel ist wichtig; Früchte mit Schadstellen sofort aussortieren.
- Nur gesunde und unbeschädigte Früchte sollen eingelagert werden. Ebenfalls aussortieren sollten Sie überreife und auch sehr große Früchte. Verarbeiten Sie diese gleich zu Kompott oder Mus.
- Zum Einfrieren sind rohe Äpfel nicht geeignet, aber als Mus oder Kompott können sie acht bis zwölf Monate in der Tiefkühltruhe verbleiben.
- Lagern Sie Äpfel auch kurzzeitig, zum Beispiel in Obstschalen, nicht zusammen mit anderen Früchten, da deren Reifung sonst beschleunigt wird.
- Bei Zimmertemperatur sind Äpfel nur etwa zehn Tage haltbar.

Wichtige Küchenhelfer

Zum möglichst sparsamen Schälen von Äpfeln eignet sich am besten ein spezieller Sparschäler.

Das Aushöhlen eines Apfels, zum Beispiel für Bratäpfel, gelingt ganz leicht mit einem Apfelausstecher.

Hinweise zur Benutzung des Buches

Wahl der Apfelsorte

Bei jedem Rezept gibt es einen Tipp zur verwendbaren Apfelsorte. Verstehen Sie diese Angabe bitte als Anregung und probieren Sie bei Bedarf oder je nach Verfügbarkeit und bevorzugter Lieblingssorte auch andere Sorten aus.

Backofentemperatur

Grundsätzlich ist bei den angegebenen Temperaturen die Einstellung Ober- und Unterhitze gemeint. Für die Betriebsart Heißluft sowie für Gasherde gelten andere Einstellungen, die Sie ebenso wie die Wahl der richtigen Backofenschiene der Bedienungsanleitung Ihres Herdes entnehmen können.

Portionsangaben in diesem Buch

Sofern nicht anders angegeben, sind die Rezepte in diesem Buch für vier Portionen berechnet. Diese Angabe ist als Richtwert zu verstehen – Abweichungen je nach Appetit der Esser sind natürlich möglich!

Abkürzungen

ca.	=	circa
cl	=	Zentiliter
EL	=	Esslöffel
evtl.	=	eventuell
g	=	Gramm
geh.	=	gehäuft
gestr.	=	gestrichen
kl	=	klein
l	=	Liter
ml	=	Milliliter
Pck.	=	Päckchen
TK	=	Tiefkühlprodukt
TL	=	Teelöffel
unbeh.	=	unbehandelt

Vorspeisen, Suppen und Salate

Apfel-Zucchini-Puffer

Zutaten:

2 Äpfel (ca. 300 g), z.B. Elstar I 300 g Zucchini I 2 Zwiebeln I Salz I Pfeffer I Majoran I 3 Eier I 2 EL Kartoffelmehl I ½ TL gehackte Gartenkräuter (frisch oder TK) I Bratöl zum Ausbacken I etwas Crème fraîche I 4 Salatblätter

Zubereitung:
1. Die Äpfel waschen, schälen, entkernen und in grobe Stücke schneiden.
2. Die Zucchini waschen, streifig schälen, längs halbieren und in Stücke schneiden.
3. Die Zwiebeln schälen und vierteln.
4. Äpfel, Zucchini und Zwiebeln mit einer Küchenmaschine grob raspeln und gut miteinander vermengen.

Apfel-Zucchini-Puffer

5. Alles in eine Schüssel geben und mit Salz, Pfeffer und Majoran würzen.
6. Eier und Kartoffelmehl unter den Teig rühren.
7. Die Kräuter unterheben.
8. Das Öl in einer Pfanne erhitzen.
9. Den Teig in Einzelportionen teilen (für acht große oder zwölf kleine Puffer).
10. Im heißen Fett von beiden Seiten goldbraun backen.
11. Die Puffer mit je einem Salatblatt und etwas Crème fraîche auf Vorspeisetellern anrichten.

Pro Portion: 7 g Eiweiß, 17 g Kohlenhydrate, 23 g Fett, 300 Kilokalorien

Vorspeisen, Suppen und Salate

Hähnchenteller mit Apfelchutney

Hähnchenteller mit Apfelchutney

Zutaten:

2 Äpfel (ca. 300 g), z. B. Golden Delicious oder Granny Smith I 1 kleine Zwiebel I
100 ml weißer Balsamico I 100 g Zucker I 50 g Rosinen I Salz I
Kräuterpfeffer mit Curry I 2 fertig gebratene Hähnchenbrustfilets

Zubereitung:
1. Die Äpfel waschen, entkernen, achteln und in Scheiben schneiden.
2. Die Zwiebel schälen und fein würfeln.
3. Den Balsamico mit dem Zucker in einem kleinen Topf zum Kochen bringen.
4. Zwiebel, Äpfel und Rosinen in den Essigsud geben.
5. Alles mit Salz und Kräuterpfeffer würzen und einmal aufkochen lassen.
6. Bei geringer Hitze 30 bis 40 Minuten dicklich einkochen lassen, zwischendurch
   umrühren, damit nichts anbrennt.
7. Das Chutney von der Kochplatte nehmen und etwas abkühlen lassen.
8. Die Hähnchenbrustfilets in Scheiben schneiden und auf vier Vorspeisetellern anrichten.
9. Das lauwarme Chutney dazugeben und servieren.

Pro Portion: 18 g Eiweiß, 42 g Kohlenhydrate, 3 g Fett, 280 Kilokalorien

Dazu schmeckt eine Scheibe frisches Ciabatta.

Tipp

Apfel-Zwiebel-Schnecken

Zutaten:

1 große Gemüsezwiebel (ca. 300 g) | 2 Äpfel (ca. 350 g), z.B. Boskoop |
30 g Butterschmalz | 125 g magere Schinkenwürfel | Salz | Pfeffer |
½ TL italienische Kräuter (getrocknet oder TK) | 1 Rolle Pizzateig (Kühlregal) |
3 EL Frischkäse | 100 g geriebener Käse

Zubereitung:
1. Ein Backblech mit Backpapier belegen.
2. Den Backofen auf 180 Grad vorheizen.
3. Die Gemüsezwiebel schälen und würfeln.
4. Die Äpfel waschen, schälen, achteln, entkernen und in Scheiben schneiden.
5. Das Butterschmalz in einer Pfanne zerlassen.
6. Die Schinkenwürfel mit den Zwiebeln andünsten.
7. Nach 2 bis 3 Minuten die Äpfel zugeben und mit andünsten.
8. Alles mit Salz, Pfeffer und Kräutern würzen.
9. Den Pizzateig ausrollen und mit dem Frischkäse bestreichen.
10. Die Apfel-Zwiebel-Schinken-Mischung auf den Pizzateig geben und glatt streichen.
11. Den Teig von der kurzen Seite her einrollen und in circa 1,5 Zentimeter dicke Scheiben schneiden.
12. Die Scheiben zu Schnecken formen, etwas flach drücken und nebeneinander auf das Backblech setzen.
13. Mit Käse bestreuen.
14. Im Backofen 25 bis 30 Minuten backen.

Pro Portion: 24 g Eiweiß, 47 g Kohlenhydrate, 23 g Fett, 490 Kilokalorien

Tipp    Die Schnecken sind sowohl warm als auch kalt sehr lecker!

Salatteller mit Apfeldressing

Salatteller mit Apfeldressing

Zutaten:

150 g Feldsalat | 1 Fleischtomate | ½ Gurke | 2 Äpfel (ca. 300 g), z. B. Braeburn

Für das Dressing:
2 EL Apfelessig | 1 EL Apfelsaft | 1 EL Öl | ½ TL Senf | ½ TL flüssiger Honig |
½ TL gehackte Gartenkräuter (frisch oder TK)

Zubereitung:
1. Den Feldsalat waschen, gut ausschütteln und auf einem Küchenkrepp abtropfen lassen.
2. Die Tomate halbieren, den Strunk entfernen und in mundgerechte Stücke schneiden.
3. Die Gurke schälen und hobeln.
4. Die Äpfel waschen, entkernen und in Spalten schneiden.
5. Feldsalat, Tomate und Gurke vermischen und auf vier Glastellern anrichten.
6. Die Apfelspalten vom Rand her auflegen.
7. Für das Dressing alle Zutaten gut miteinander verrühren und über den Salat geben.

Pro Portion: 2 g Eiweiß, 13 g Kohlenhydrate, 3 g Fett, 90 Kilokalorien

Schnitzelnuggets mit Apfel-Cranberry-Soße

Schnitzelnuggets mit Apfel-Cranberry-Soße

Zutaten:

2–3 Äpfel (ca. 400 g), z. B. Cox Orange oder Elstar l etwas Zitronensaft l
4 Minutenschnitzel vom Schwein à ca. 120 g l Salz l Pfeffer l 1 Ei l 2–3 EL Paniermehl l
Bratfett l 2 EL Rapsöl l Kräutersalz l weißer Pfeffer l Majoran l Thymian l
100 g getrocknete, leicht gezuckerte Cranberrys l 150 ml klare Brühe l
etwas Mehlschwitze

Zubereitung:
1. Die Äpfel schälen, achteln, entkernen und in Scheiben schneiden.
2. Mit etwas Zitronensaft beträufeln.
3. Die Schnitzel mit einem Küchenkrepp trocken tupfen.
4. Jedes Schnitzel in drei Stücke schneiden.
5. Die Schnitzelnuggets von beiden Seiten salzen und pfeffern.
6. Das Ei auf einen Teller geben und etwas verquirlen.
7. Das Paniermehl auf einen zweiten Teller geben.
8. Die Nuggets zuerst im Ei, dann in Paniermehl wenden.
9. Das Bratfett in einer Pfanne erhitzen.
10. Die Nuggets ins Fett legen und von beiden Seiten kurz scharf anbraten.
11. 3 bis 4 Minuten bei geringer Hitze garen, dabei nochmals wenden.
12. Die fertigen Nuggets aus der Pfanne nehmen und warm stellen.
13. Für die Soße das Rapsöl in einer Pfanne erhitzen.
14. Die Apfelscheiben hineingeben und unter mehrmaligem Wenden
    3 bis 4 Minuten anschmoren.
15. Die Äpfel mit Kräutersalz, etwas Pfeffer, Majoran und Thymian würzen.
16. Die Cranberrys zufügen und mit erhitzen.
17. Die Brühe zugießen.
18. Alles einmal aufkochen lassen.
19. Die Soße vorsichtig mit etwas Mehlschwitze binden.
20. Noch einmal mit Kräutersalz, Majoran und Thymian abschmecken.
21. Je drei Nuggets mit einem Teil der Soße auf Vorspeisetellern anrichten.

Pro Portion: 30 g Eiweiß, 36 g Kohlenhydrate, 18 g Fett, 430 Kilokalorien

Apfel-Curry-Suppe

Zutaten:

1 kg säuerliche Äpfel (z. B. Jakob Lebel) | 200 g Porree | 1 Zwiebel | 60 g Butter |
2–3 EL Currypulver | 750 ml heiße Gemüsebrühe | 150 g Schmand | Salz | Zucker | Pfeffer

Zubereitung:
1. Einen Apfel zur Seite legen.
2. Die anderen Äpfel schälen, vierteln, entkernen und in grobe Stücke schneiden.
3. Den Porree putzen, längs halbieren und in halbe Ringe schneiden.
4. Einen Löffel der Porreeringe ebenfalls zur Seite stellen.
5. Die Zwiebel schälen und würfeln.
6. 40 Gramm Butter in einem Suppentopf zerlassen.
7. Äpfel, Porreeringe und Zwiebel darin andünsten.
8. Mit Currypulver würzen und dieses kurz mit anschwitzen.
9. Die Gemüsebrühe zugießen und alles einmal aufkochen lassen.
10. Zugedeckt bei geringer Hitze circa 15 Minuten köcheln lassen.
11. Den restlichen Apfel schälen, entkernen und fein würfeln.
12. Die restliche Butter in einem kleinen Topf zerlassen.
13. Den beiseitegestellten Porree und den gewürfelten Apfel darin andünsten und warm stellen.
14. Die Suppe mit einem Pürierstab fein pürieren.
15. 100 Gramm Schmand in die Suppe rühren.
16. Die Suppe mit Salz, Zucker, Pfeffer und Currypulver abschmecken.
17. Die Suppe auf tiefen Tellern anrichten.
18. In die Mitte je 1 Esslöffel der gedünsteten Apfel-Porree-Mischung und etwas Schmand geben.
19. Den Schmand mit etwas Currypulver bestäuben und die Suppe servieren.

Pro Portion: 3 g Eiweiß, 30 g Kohlenhydrate, 24 g Fett, 360 Kilokalorien

Tipp    Als Currysorte ist Madrascurry am besten geeignet.

Apfel-Curry-Suppe

Cremige Apfel-Sellerie-Suppe

Zutaten:

3–4 Äpfel (ca. 500 g), z. B. Ingrid Marie oder Cox Orange | 2 Zwiebeln | 3 mittelgroße Kartoffeln | 300 g Sellerie | 40 g Butter | Salz | Pfeffer | Majoran | 500–600 ml Gemüsebrühe | 2 EL Schmand | 125 g magere Schinkenwürfel

Zubereitung:
1. Die Äpfel schälen, vierteln, entkernen und in grobe Stücke schneiden.
2. Die Zwiebeln schälen und würfeln.
3. Die Kartoffeln und den Sellerie schälen, grob würfeln und mit kaltem Wasser abspülen.
4. 30 Gramm Butter in einem Suppentopf zerlassen.
5. Die Hälfte der Zwiebelwürfel und die Apfelstücke darin andünsten.
6. Mit Salz, Pfeffer und Majoran würzen.
7. Kartoffeln und Sellerie zufügen.
8. So viel Gemüsebrühe zugießen, dass alles gut bedeckt ist.
9. Zum Kochen bringen und bei geringer Hitze 20 Minuten garen lassen.
10. Die Suppe fein pürieren.
11. Den Schmand unterrühren.
12. Die Suppe noch mal mit Salz, Pfeffer und Majoran abschmecken und zur Seite stellen.
13. Die restliche Butter in einem kleinen Topf zerlassen.
14. Die restlichen Zwiebelwürfel mit den Schinkenwürfeln darin andünsten.
15. Die Suppe auf Tellern anrichten und jeweils 1 Esslöffel der Schinken-Zwiebel-Mischung in die Mitte der Suppe setzen.

Pro Portion: 11 g Eiweiß, 35 g Kohlenhydrate, 16 g Fett, 340 Kilokalorien

Schnelle Apfel-Linsen-Suppe

Zutaten:

3–4 Äpfel (ca. 500 g), z. B. Holsteiner Cox oder Cox Orange I 30 g Butterschmalz I Salz I Pfeffer I Majoran I 1 Dose Linsen mit Suppengrün (850 g) I 400 ml Gemüsebrühe I 100 g Sahne I 2 Räuchermettenden

Zubereitung:
1. Die Äpfel schälen, vierteln, entkernen und in Scheiben schneiden.
2. Das Schmalz in einem Suppentopf auslassen.
3. Die Äpfel zufügen und 2 bis 3 Minuten darin andünsten, dabei mehrmals wenden.
4. Die Äpfel mit Salz, Pfeffer und Majoran würzen.
5. Die Linsen zufügen.
6. Die Brühe und die Sahne zugießen.
7. Alles einmal aufkochen lassen und bei geringer Hitze 5 Minuten köcheln lassen.
8. Den Topf vom Herd nehmen und die Suppe fein pürieren.
9. Die Räuchermettenden in dünne Scheiben schneiden und vorsichtig in der Suppe erhitzen.
10. Die Suppe mit Salz, Pfeffer und Majoran abschmecken.

Pro Portion: 10 g Eiweiß, 20 g Kohlenhydrate, 29 g Fett, 370 Kilokalorien

Vorspeisen, Suppen und Salate

Kartoffel-Apfel-Suppe mit roter Einlage

Kartoffel-Apfel-Suppe mit Rote-Bete-Einlage

Zutaten:

700 g Kartoffeln | 3–4 Äpfel (ca. 500 g), z.B. Jonagold | 1 kl. Stange Porree |
30 g Butterschmalz | gehackte Gartenkräuter (frisch oder TK) | 500 ml Gemüsebrühe

Für die Einlage:
200 g gegarte, kalte Rote Bete | 1 Zwiebel | 1 dicker Apfel | Zitronensaft | Salz |
etwas Zucker | gehackte Gartenkräuter (frisch oder TK)

Zubereitung:
1. Die Kartoffeln waschen, schälen, noch einmal mit kaltem Wasser abspülen und abtropfen lassen.
2. Die Äpfel schälen, vierteln und grob würfeln.
3. Den Porree putzen und in grobe Stücke schneiden.
4. Das Schmalz in einem Suppentopf zerlassen.
5. Die Äpfel hineingeben und unter mehrmaligem Wenden 2 bis 3 Minuten andünsten.
6. Die Kartoffeln zufügen und kurz mit den Äpfeln mitdünsten.
7. Mit Gartenkräutern bestreuen.
8. Den Porree zufügen.
9. Die Brühe zugießen.
10. Alles einmal aufkochen lassen.
11. Bei geringer Hitze 20 Minuten garen lassen.
12. In der Zwischenzeit für die Einlage die Rote Bete in grobe Stücke schneiden.
13. Die Zwiebel schälen und in Viertel schneiden.
14. Den Apfel schälen, vierteln und entkernen.
15. Rote Bete, Zwiebel und Apfel auf einer Küchenreibe oder mit der Küchenmaschine mittelfein reiben.
16. Alles in eine Schüssel geben und gut vermengen.
17. Mit Zitronensaft, Salz und Zucker abschmecken.
18. Gartenkräuter zufügen und unterrühren.
19. Die fertige Suppe fein pürieren.
20. Mit Salz, Pfeffer und Gartenkräutern abschmecken.
21. Die Suppe auf Teller geben und jeweils in die Mitte 1 Esslöffel der Rote-Bete-Einlage setzen.

Pro Portion: 5 g Eiweiß, 45 g Kohlenhydrate, 11 g Fett, 300 Kilokalorien

Lauwarme Apfelsuppe mit Vanilleeis

Zutaten:

4–5 Äpfel (ca. 600 g), z.B. Gala Royal oder Elstar I 600 ml Apfelsaft, naturtrüb I
150 ml Cidre I 1 EL Zitronensaft I 1 Pck. Vanillezucker I 50 g Sultaninen I
2 EL Speisestärke I etwas Cidre zum Anrühren I Zucker I Zimt I 4 Kugeln Vanilleeis

Zubereitung:
1. Die Äpfel schälen, vierteln, entkernen und auf einer Küchenreibe grob raspeln.
2. Den Apfelsaft mit Cidre, Zitronensaft und Vanillezucker zum Kochen bringen.
3. Die Äpfel zufügen und alles 1 bis 2 Minuten köcheln lassen.
4. Die Sultaninen zufügen und unterrühren.
5. Die Speisestärke mit Cidre anrühren.
6. Die Apfelsuppe damit zur gewünschten Konsistenz binden und noch einmal aufkochen.
7. Die Suppe mit Zucker und Zimt abschmecken.
8. Die Suppe etwas abkühlen lassen und auf tiefen Tellern anrichten.
9. Jeweils eine Kugel Vanilleeis in die Mitte der Suppe setzen und servieren.

Pro Portion: 4 g Eiweiß, 73 g Kohlenhydrate, 8 g Fett, 400 Kilokalorien

Apfel-Wein-Suppe mit Schneeflöckchen

Zutaten:

750 ml Apfelsaft, naturtrüb I 250 ml Weißwein I 2 EL Zitronensaft I 2 EL Zucker I
1 Zimtstange I 1 Muskatblüte I 1 Ei I 1 TL Zucker I 2 geh. EL Speisestärke I
etwas Wasser zum Anrühren I 80 g getrocknete Apfelringe I 30 g Rosinen

Zubereitung:
1. Apfelsaft, Wein, Zitronensaft und 2 Esslöffel Zucker in einen Kochtopf geben.
2. Zimtstange und Muskatblüte zufügen und alles zum Kochen bringen.
3. Das Ei trennen.

Apfel-Wein-Suppe mit Schneeflöckchen

4. Das Eigelb in eine Tasse geben.
5. Das Eiweiß mit 1 Teelöffel Zucker steif schlagen.
6. Die Speisestärke mit etwas Wasser zum Eigelb geben und glatt rühren.
7. Zimtstange und Muskatblüte aus der Suppe nehmen.
8. Die Suppenflüssigkeit mit der angerührten Speisestärke zur gewünschten Konsistenz binden.
9. Die Apfelringe in kleine Stücke schneiden.
10. Apfelstücke und Rosinen in die Suppe geben und alles noch einmal richtig heiß werden lassen, aber nicht mehr kochen.
11. Die Suppe mit Zucker und Zitronensaft abschmecken und vom Herd nehmen.
12. Das Eiweiß teelöffelweise abstechen und in „Schneeflöckchen" auf die Suppe setzen.
13. Die Suppe im geschlossenen Topf 5 Minuten ziehen lassen.

Pro Portion: 3 g Eiweiß, 62 g Kohlenhydrate, 3 g Fett, 340 Kilokalorien

80 Gramm getrocknete Apfelringe entsprechen circa 450 Gramm frischen Äpfeln.

Tipp

Vorspeisen, Suppen und Salate

Apfel-Porree-Salat

Zutaten:

3 Eier I 1 Zwiebel I 1 mittelgroße Stange Porree I 250 g Salatmayonnaise I
3 Äpfel (ca. 350 g), z.B. Jonagold I 4 Scheiben Ananas I
1 Glas eingelegter Sellerie in Streifen (Abtropfgewicht 180 g)

Zubereitung:
1. Die Eier hart kochen und abkühlen lassen.
2. Die Zwiebel schälen und fein würfeln.
3. Den Porree putzen, halbieren und ganz fein schneiden.
4. Die Salatmayonnaise in eine Schüssel geben.
5. Die Zwiebel und den Porree zufügen und unterrühren.
6. Die Äpfel schälen, achteln, entkernen und in Scheiben schneiden.
7. Die Ananas klein schneiden, den Sellerie abgießen.
8. Äpfel, Ananas und Sellerie mit in die Schüssel geben.
9. Alles noch einmal gut vermengen und den Salat vor dem Servieren mindestens
   2 Stunden im Kühlschrank durchziehen lassen.

Pro Portion: 9 g Eiweiß, 16 g Kohlenhydrate, 29 g Fett, 360 Kilokalorien

Apfel-Sauerkraut-Salat

Zutaten:

400 g Sauerkraut I 2 mittelgroße Möhren I 2 Gewürzgurken I 2 Äpfel (ca. 300 g), z.B.
Elstar I 100 ml Apfelsaft I 1TL flüssiger Honig (z.B. Akazienhonig) I 1 EL warmes Wasser I
1 TL Balsamico I 1 EL Salatöl I 1 TL gehackte Gartenkräuter (frisch oder TK)

Zubereitung:
1. Das Sauerkraut gut ausdrücken, eventuell etwas kleiner schneiden und in eine
   Schüssel geben.
2. Die Möhren waschen, schälen, reiben und zum Sauerkraut geben.
3. Die Gurken fein würfeln und ebenfalls zufügen.

Apfel-Sauerkraut-Salat

4. Die Äpfel schälen, vierteln und entkernen.
5. Die Hälfte der Äpfel noch einmal halbieren und in dünne Scheiben schneiden, die restlichen Äpfel reiben und alles ebenfalls zum Sauerkraut geben.
6. Den Apfelsaft zugießen.
7. Alles gut vermischen.
8. Den Honig mit Wasser, Balsamico und Öl zu einer Salatsoße verrühren.
9. Die Kräuter in die Salatsoße geben und unterrühren.
10. Die Salatsoße unter den Salat rühren und den Salat mindestens 1 Stunde durchziehen lassen.
11. Vor dem Servieren noch einmal gut durchrühren.

Pro Portion: 3 g Eiweiß, 16 g Kohlenhydrate, 3 g Fett, 110 Kilokalorien

Der Sauerkrautsalat sollte bei Zimmertemperatur durchziehen, der Geschmack ist dann intensiver. Bei längerer Aufbewahrungszeit gehört natürlich auch dieser Salat in den Kühlschrank.

Tipp

Lauwarmer Apfel-Thunfisch-Salat

Lauwarmer Apfel-Thunfisch-Salat

Zutaten:

1 Gemüsezwiebel I 2 Äpfel (ca. 300 g), z.B. Gala Royal I 2–3 EL Bratöl I
100 ml Gemüsebrühe I 1 TL italienische Kräuter (TK oder getrocknet) I 4 Scheiben Ananas I
1 kl. Dose Mais (150 g) I 1 Dose Thunfisch ohne Öl (185 g) I 1 EL weißer Balsamico I
etwas Zucker I etwas Salz

Zubereitung:
1. Die Gemüsezwiebel schälen, vierteln und in Streifen schneiden.
2. Die Äpfel schälen, achteln, entkernen und in Scheiben schneiden.
3. Das Öl in einer Pfanne erhitzen.
4. Zwiebel und Äpfel darin andünsten, dabei mehrmals wenden.
5. Die Brühe zugießen und alles 1 bis 2 Minuten köcheln lassen.
6. Die Kräuter zufügen und unterrühren.
7. Die Ananas in Stücke schneiden.
8. Den Mais abgießen.
9. Ananas und Mais in eine Salatschüssel geben.
10. Den Thunfisch in Stücke zerpflücken und zufügen.
11. Die Zwiebel und die Äpfel direkt aus der Pfanne zufügen und alles vermengen.
12. Den Balsamico zufügen und unterrühren.
13. Den Salat mit Salz und Zucker abschmecken.
14. Sofort servieren.

Pro Portion: 11 g Eiweiß, 23 g Kohlenhydrate, 8 g Fett, 210 Kilokalorien

Vorspeisen, Suppen und Salate

Hauptgerichte

Gulasch mit Äpfeln

Zutaten:

1 kg gemischtes Gulasch I 1 Zwiebel I 3 große Äpfel (ca. 500 g), z.B. Cox Orange I
30 g Butterschmalz I Salz I Pfeffer I 500 ml Fleischbrühe I 150 ml Cidre I
1–2 EL dunkler Soßenbinder

Zubereitung:
1. Das Gulasch mit Küchenkrepp trocken tupfen.
2. Die Zwiebel schälen und grob würfeln.
3. ½ Apfel (mit Schale) entkernen und grob würfeln.
4. Das Schmalz in einem Bratentopf erhitzen und das Fleisch darin
   von allen Seiten anbraten.
5. Etwa zur Hälfte der Anbratzeit die Zwiebel- und Apfelwürfel zufügen und
   mit anschmoren lassen.
6. Das angebratene Fleisch mit Salz und Pfeffer würzen.
7. Brühe und Cidre zugießen und alles einmal aufkochen lassen.
8. Bei geringer Hitze circa 60 Minuten garen lassen.
9. Das Fleisch aus dem Sud nehmen und warm stellen.
10. Die restlichen Äpfel schälen, entkernen und grob würfeln.

Gulasch mit Äpfeln

11. Den Fleischsud durch ein Sieb streichen und wieder in den Topf gießen.
12. Den Sud noch einmal aufkochen und mit dem Soßenbinder zur gewünschten Konsistenz binden.
13. Die Apfelwürfel mit in die Soße geben und bei geringer Hitze circa 5 Minuten ziehen lassen.
14. Das Fleisch wieder in die Soße geben und alles zusammen noch einmal vorsichtig erhitzen.
15. Das Gulasch eventuell mit Salz und Pfeffer abschmecken.

Pro Portion: 52 g Eiweiß, 21 g Kohlenhydrate, 28 g Fett, 560 Kilokalorien

An Kartoffelpüree servieren.

Tipp

Apfel-Sauerbraten

Zutaten:

1–1,2 kg Rindfleisch (Keule oder falsches Filet)

Für die Marinade:
1 Zwiebel I 250 ml Apfelessig I 375 ml kaltes Wasser I 6 Pfefferkörner I 2 Nelken I
1 kl. Lorbeerblatt I Salz I Zucker

Zum Braten:
1 Zwiebel I 1 Möhre I 3 Äpfel (ca. 450 g), z.B. Elstar I 50 g Butterschmalz I Salz I
Pfeffer I 250 ml heiße Brühe I 2 EL Sahne I 1–2 EL dunkler Soßenbinder I 50 g Rosinen

Zubereitung:
1. Das Fleisch abspülen und abtropfen lassen.
2. Für die Marinade die Zwiebel schälen und vierteln. Mit Apfelessig, Wasser und den Gewürzen in eine gut verschließbare Schüssel geben.
3. Das Fleisch in die Marinade legen, die Schüssel verschließen und in den Kühlschrank stellen.
4. Das Fleisch 2 bis 3 Tage durchziehen lassen, dabei einmal täglich wenden.
5. Das gesäuerte Fleisch aus der Marinade nehmen und gut abtrocknen.
6. Die Marinade durch ein Sieb gießen und zur Seite stellen.
7. Die Zwiebel schälen und würfeln.
8. Die Möhre schälen und in Stücke schneiden.
9. Einen Apfel waschen, entkernen und grob würfeln.
10. Das Schmalz in einem Bratentopf erhitzen.
11. Das Fleisch von allen Seiten gut anbraten, die angebratenen Seiten leicht salzen und pfeffern.
12. Etwa zur Hälfte der Anbratzeit Zwiebel, Möhre und Apfel zufügen und mit anschmoren lassen.
13. 125 Milliliter der Marinade und die heiße Brühe vorsichtig zum Fleisch gießen.
14. Alles einmal aufkochen lassen und bei schwacher Hitze im zugedeckten Topf circa 90 Minuten garen lassen.
15. Das Fleisch dabei einmal wenden und eventuell verkochte Brühe ersetzen.
16. Die restlichen Äpfel schälen, vierteln, entkernen und in Scheiben schneiden.
17. Das Fleisch aus der Brühe nehmen und warm stellen.
18. Die Sahne in den Sud rühren.
19. Den Sud durch ein Sieb streichen und wieder in den Topf geben.
20. Die Flüssigkeit mit dem Soßenbinder zur gewünschten Konsistenz binden.

21. Die Soße mit Salz und Pfeffer abschmecken.
22. Äpfel und Rosinen zufügen und circa 5 Minuten in der Bratensoße köcheln lassen.
23. Das Fleisch in Scheiben schneiden und mit der Apfel-Rosinen-Soße servieren.

Pro Portion: 59 g Eiweiß, 25 g Kohlenhydrate, 28 g Fett, 590 Kilokalorien

Kartoffel-Apfel-Auflauf mit Rinderwurst

Zutaten:

1 kg Kartoffeln I 3 große Zwiebeln I ½ TL Salz I Pfeffer I Muskatnuss I 3 Eier I
2 EL Kartoffelmehl I 3 süßsäuerliche Äpfel (ca. 400 g), z.B. Jonagold I Fett für die Form I
500 g Rinderwurst I ca. 30 g Butter I 2 EL Paniermehl

Zubereitung:

1. Die Kartoffeln waschen, schälen, in grobe Stücke schneiden und noch einmal mit kaltem Wasser abspülen.
2. Die Zwiebeln schälen und vierteln.
3. Kartoffeln und Zwiebeln mit der Küchenmaschine grob reiben und in eine Schüssel geben.
4. Mit Salz, Pfeffer und Muskatnuss würzen.
5. Die Eier und das Kartoffelmehl zufügen und alles gut vermengen.
6. Die Äpfel schälen, achteln, entkernen und in dünne Scheiben schneiden.
7. Die Äpfel unter den Kartoffelteig heben.
8. Eine Auflaufform einfetten.
9. Den Backofen auf 180 Grad vorheizen.
10. Die Hälfte des Kartoffel-Apfel-Teigs in die Form geben und glatt streichen.
11. Die Rinderwurst enthäuten und in circa 1 Zentimeter dicke Scheiben schneiden.
12. Die Wurstscheiben nebeneinander auf den Kartoffel-Apfel-Teig setzen.
13. Den restlichen Kartoffel-Apfel-Teig über die Wurst geben und wieder glatt streichen.
14. Die Butter in Flöckchen auf dem Auflauf verteilen.
15. Mit Paniermehl bestreuen.
16. Den Auflauf im Backofen 90 Minuten garen lassen.

Pro Portion: 34 g Eiweiß, 54 g Kohlenhydrate, 36 g Fett, 680 Kilokalorien

Hauptgerichte

Spaghetti mit Apfel-Porree-Soße

Spaghetti mit Apfel-Porree-Soße

Zutaten:

1 große Zwiebel I 800 g Porree I 3–4 Äpfel (ca. 500 g), z.B. Elstar I 1 EL Zitronensaft I
2 EL Öl I Salz I Pfeffer I 150 g Sahne I 300 ml Gemüsebrühe I Salzwasser zum Kochen I
500 g Spaghetti I 2 EL heller Soßenbinder I Kräuter der Provence

Zubereitung:
1. Die Zwiebel schälen und fein würfeln.
2. Den Porree waschen, putzen, halbieren und in halbe Ringe schneiden.
3. Die Äpfel schälen, achteln, entkernen, in Scheiben schneiden und mit
   Zitronensaft beträufeln.
4. Das Öl in einer tiefen Pfanne erhitzen.
5. Zuerst die Zwiebel darin andünsten, dann den Porree zugeben und mitdünsten lassen.
6. Mit Salz und Pfeffer würzen.
7. Die Äpfel zufügen.
8. Sahne und Gemüsebrühe zugießen, alles gut vermengen und einmal aufkochen lassen.
9. Bei geringer Hitze circa 5 Minuten garen lassen.
10. In der Zwischenzeit das Salzwasser für die Spaghetti zum Kochen bringen.
11. Die Spaghetti nach Packungsanweisung garen lassen.
12. Den Soßenbinder über die Apfel-Porree-Soße streuen und vorsichtig unterrühren,
    dabei die Soße noch einmal kurz aufkochen lassen.
13. Die Soße mit Kräutern der Provence abschmecken.
14. Die Spaghetti abgießen und mit der Soße servieren.

Pro Portion: 20 g Eiweiß, 109 g Kohlenhydrate, 22 g Fett, 720 Kilokalorien

Hauptgerichte

Gebratene Leber mit Apfel-Champignon-Gemüse

Zutaten:

4 Scheiben Rinderleber | 2–3 EL Mehl | 30 g Butter | Salz | 1 Bund Lauchzwiebeln |
400 g frische Champignons | 3–4 Äpfel (ca. 500 g), z.B. Boskoop oder Cox Orange |
2–3 EL Bratöl | Kräutersalz | Majoran

Zubereitung:
1. Die Leber abspülen, nach Bedarf säubern und mit Küchenkrepp gut trocken tupfen.
2. Das Mehl auf einen flachen Teller geben und die Leber darin von beiden Seiten wenden.
3. Die Butter in einer Pfanne erhitzen und die Leber von beiden Seiten scharf anbraten.
4. Die Leber bei geringer Hitze 10 bis 12 Minuten garen, zwischendurch wenden.
5. Die Leber von beiden Seiten salzen.
6. In der Zwischenzeit für das Gemüse die Lauchzwiebeln putzen und in Ringe schneiden.
7. Die Champignons putzen und in Scheiben schneiden.
8. Die Äpfel schälen, achteln, entkernen und in etwas dickere Scheiben schneiden.
9. Das Bratöl in einer zweiten Pfanne erhitzen.
10. Die Lauchzwiebeln und die Champignons hineingeben und 2 bis 3 Minuten dünsten.
11. Mit Kräutersalz würzen, aus der Pfanne nehmen und warm stellen.
12. Eventuell noch etwas Öl in die Pfanne geben und wiederum erhitzen.
13. Die Apfelscheiben in das Öl geben und ebenfalls 2 bis 3 Minuten andünsten, dabei mehrmals wenden.
14. Mit Kräutersalz und Majoran würzen.
15. Die Champignons wieder zufügen.
16. Die Leber mit dem Apfel-Champignon-Gemüse servieren.

Pro Portion: 30 g Eiweiß, 32 g Kohlenhydrate, 19 g Fett, 420 Kilokalorien

Tipp

Dazu schmecken Salzkartoffeln.

Das Apfel-Champignon-Gemüse passt auch zu Hähnchenschnitzeln oder einfach nur zu Baguette.

Apfel-Kartoffel-Püree mit Speck und Zwiebeln

Zutaten:

1 kg Kartoffeln | 3–4 Äpfel (ca. 600 g), z.B. Boskoop | 1 TL Salz | etwas Zucker |
150 g durchwachsener Speck | 1 dicke Zwiebel

Zubereitung:
1. Die Kartoffeln waschen, schälen, in grobe Würfel schneiden und noch einmal mit kaltem Wasser abspülen.
2. Die Äpfel schälen, entkernen, ebenfalls grob würfeln und mit den Kartoffeln in einen Topf geben.
3. Wasser zugießen, sodass alles knapp bedeckt ist.
4. Salz und Zucker zufügen und zum Kochen bringen.
5. Bei geringer Hitze circa 20 Minuten garen lassen.
6. In der Zwischenzeit den Speck fein würfeln.
7. Die Zwiebel schälen und fein würfeln.
8. Den Speck in einem kleinen Topf auslassen und mit den Zwiebeln andünsten.
9. Die gekochten Kartoffeln und Äpfel, bis auf einen kleinen Rest Flüssigkeit, abgießen und nach Belieben fein oder grob zerstampfen.
10. Das Kartoffel-Apfel-Püree in eine Schüssel füllen, die Zwiebel-Speck-Mischung darüber verteilen.

Pro Portion: 11 g Eiweiß, 47 g Kohlenhydrate, 12 g Fett, 340 Kilokalorien

Schmeckt besonders gut zu Bratleberwurst.

Tipp

Fisch in Apfel-Weißwein-Soße

Zutaten:

4 küchenfertige Fischfilets, je 200–250 g (z. B. Seelachs, Rotbarsch) I Zitronensaft I
Salz I Pfeffer I Fett für die Form I 1 kleine Zwiebel I 3 Äpfel (ca. 400 g), z. B.
Rubinette oder Cox Orange I 1 große rote Paprika I 3 EL Bratöl I Majoran I 2 EL Mehl I
150 ml Weißwein, trocken I 150 ml Fisch- oder Gemüsebrühe I 2 EL Sahne

Zubereitung:
1. Die Fischfilets von beiden Seiten mit Zitronensaft beträufeln.
2. Mit Salz und Pfeffer würzen und die Filets in eine gefettete Auflaufform legen.
3. Die Zwiebel schälen und fein würfeln.
4. Die Äpfel waschen, schälen, achteln, entkernen und in Scheiben schneiden.
5. Die Paprika waschen, putzen, ebenfalls achteln und in Streifen schneiden.
6. Den Backofen auf 180 Grad vorheizen.
7. Das Öl in einer Pfanne erhitzen.
8. Zwiebel, Äpfel und Paprika darin andünsten.
9. Mit Salz, Pfeffer und Majoran würzen und mit Mehl bestäuben.
10. Wein und Brühe zugießen und alles einmal aufkochen lassen.
11. Bei geringer Hitze circa 5 Minuten köcheln lassen.
12. Die Sahne unterrühren und noch einmal mit Salz, Pfeffer und Majoran abschmecken.
13. Die Apfel-Paprika-Mischung über die Fischfilets geben.
14. Im Backofen 20 bis 25 Minuten garen lassen.

Pro Portion: 44 g Eiweiß, 18 g Kohlenhydrate, 18 g Fett, 440 Kilokalorien

Tipp 　Auf Reis servieren.

Fisch in Apfel-Weißwein-Soße

Herzhafte Apfel-Blätterteigpastete

Herzhafte Apfel-Blätterteigpastete

Zutaten:

450 g Blätterteig (Kühlregal) I etwas Fett für die Auflaufform I 3–4 feine Bratwürste I
4 Äpfel (ca. 600 g), z.B. Elstar I 1 Zwiebel I 30 g Butter I 2 EL Kräuterfrischkäse I
2 EL Sahne I Salz I Pfeffer I Majoran I Rosmarin I 1 Eigelb I etwas Wasser zum Anrühren

Zubereitung:

1. Eine möglichst rechteckige Form einfetten und mit der Hälfte des Blätterteigs auslegen.
2. Den Teig mehrmals mit einer Gabel einstechen.
3. Die Bratwürste aus dem Darm drücken und auf dem Blätterteig verteilen.
4. Die Äpfel schälen, vierteln und in Scheiben schneiden.
5. Die Zwiebel schälen und fein würfeln.
6. Den Backofen auf 180 Grad vorheizen.
7. Die Butter in einer Pfanne zerlassen.
8. Zuerst die Zwiebel etwas andünsten.
9. Dann die Äpfel zufügen und mitdünsten lassen.
10. Frischkäse und Sahne unterrühren.
11. Alles mit Salz, Pfeffer, Majoran und Rosmarin würzen.
12. Die Apfelmischung über der Bratwurst verteilen.
13. Die andere Hälfte des Blätterteigs bis auf ½ Platte darüberlegen.
14. Den restlichen Blätterteig in Streifen schneiden und im Rautenmuster auflegen.
15. Das Eigelb mit dem Wasser verrühren.
16. Den Blätterteig damit bestreichen.
17. Die Pastete im Backofen 30 bis 40 Minuten garen lassen.

Pro Portion: 20 g Eiweiß, 57 g Kohlenhydrate, 63 g Fett, 870 Kilokalorien

Hauptgerichte

Apfel-Zwiebel-Quiche

Zutaten:

Für den Teig:
225 g Mehl I 1 TL Backpulver I etwas Salz I 100 g Quark I 4 EL Öl I 4 EL Milch

Für den Belag:
3 dicke Zwiebeln I 4–5 Äpfel (ca. 700 g), z.B. Jonagold I 30 g Butter I
150 g Schinkenwürfel I 1 EL gehackte Walnüsse I Fett für die Form I 3 Eier I
200 g Schmand I 1 EL Naturjoghurt I Kräutersalz I weißer Pfeffer I
125 g geriebener Gouda

Zubereitung:
1. Alle Zutaten für den Teig in eine Schüssel geben und verkneten.
2. Den Teig 30 Minuten kühl stellen.
3. In der Zwischenzeit für den Belag die Zwiebeln schälen und in dünne Ringe schneiden.
4. Die Äpfel schälen, vierteln, entkernen und in Scheiben schneiden.
5. Die Butter in einer Pfanne zerlassen.
6. Die Schinkenwürfel und Zwiebeln darin andünsten.
7. Die Äpfel zufügen und kurz mitdünsten lassen.
8. Die Walnüsse unterheben.
9. Eine Quicheform einfetten, den Teig hineingeben und den Rand hochziehen.
10. Den Backofen auf 180 Grad vorheizen.
11. Die Apfel-Zwiebel-Mischung auf dem Teig verteilen.
12. Eier, Schmand und Joghurt verrühren.
13. Mit Kräutersalz und Pfeffer abschmecken und über die Apfel-Zwiebel-Mischung gießen.
14. Mit dem Käse bestreuen.
15. Im Backofen 40 Minuten garen lassen.

Pro Portion: 34 g Eiweiß, 68 g Kohlenhydrate, 47 g Fett, 830 Kilokalorien

Hackfleisch-Apfel-Frikadellen

Zutaten:

500 g Rinderhack I Salz I Pfeffer I Paprika, edelsüß I 1 kleine Zwiebel I
1–2 kleine Äpfel (200–250 g), z.B. Elstar I 1 Ei I 2 EL Paniermehl I ca. 30 g Butter

Zubereitung:
1. Das Hackfleisch mit Salz, Pfeffer und Paprika in eine Schüssel geben und gut verkneten.
2. Die Zwiebel schälen und fein würfeln.
3. Die Äpfel schälen, achteln, entkernen und in Scheiben schneiden.
4. Zwiebel, Äpfel, Ei und Paniermehl zum Hackfleisch geben und alles zu einem Fleischteig verkneten.
5. Den Fleischteig in 8 Portionen teilen und diese zu Frikadellen formen.
6. Die Butter in einer Pfanne zerlassen.
7. Die Frikadellen von beiden Seiten anbraten und bei geringer Hitze circa 15 Minuten gar braten.

Pro Portion: 27 g Eiweiß, 11 g Kohlenhydrate, 25 g Fett, 380 Kilokalorien

Noch intensiver wird der Apfelgeschmack,
wenn man einen der beiden Äpfel auf einer
Reibe mittelfein in das rohe Hackfleisch reibt.
Dann sollte man allerdings 3 Esslöffel
Paniermehl zufügen, da sonst der Fleischteig
zu weich wird.

Tipp

Hähnchen-Apfel-Geschnetzeltes

Zutaten:

750 g Hähnchenbrustfilets I 1 Gemüsezwiebel I 1 Stange Porree I
3–4 Äpfel (ca. 500 g), z.B. Rubens I 3 EL Bratöl I Salz I Pfeffer I Currypulver I
200 ml Gemüsebrühe I 1–2 EL dunkler Soßenbinder

Zubereitung:

1. Die Hähnchenbrustfilets kalt abspülen, trocken tupfen und in Streifen schneiden.
2. Die Gemüsezwiebel schälen und würfeln.
3. Den Porree putzen, halbieren und in halbe Ringe schneiden.
4. Die Äpfel schälen, vierteln, entkernen und in Spalten schneiden.
5. Das Bratöl in einer tiefen Pfanne erhitzen.
6. Die Hähnchenstreifen von allen Seiten scharf anbraten.
7. Bei geringer Hitze 5 bis 7 Minuten garen lassen.
8. Mit Salz und Pfeffer würzen.
9. Das Fleisch aus der Pfanne nehmen und warm stellen.
10. Zwiebel und Porree ins Fett geben und andünsten.
11. Nach 2 bis 3 Minuten die Äpfel zufügen und ebenfalls mit andünsten.
12. Mit Salz, Pfeffer und Currypulver würzen.
13. Die Gemüsebrühe zugießen und alles einmal kurz aufkochen lassen.
14. Den Soßenbinder einrühren und die Soße damit zur gewünschten Konsistenz binden.
15. Das Fleisch wieder zufügen.
16. Alles noch einmal mit den Gewürzen abschmecken.

Pro Portion: 46 g Eiweiß, 19 g Kohlenhydrate, 10 g Fett, 360 Kilokalorien

Tipp  Dazu schmeckt am besten Reis.

Hähnchen-Apfel-Geschnetzeltes

Rinder-Apfel-Rouladen

Rinder-Apfel-Rouladen

Zutaten:

4 Rinderrouladen, je 120–150 g I 2 EL Senf I 6 Scheiben geräucherter Schinkenspeck I
5–6 Äpfel (ca. 800 g), z.B. Elstar I 2 Zwiebeln I 30 g Griebenschmalz I Salz I Pfeffer I
Paprika, edelsüß I 500 ml heiße Rindfleischbrühe I 2 EL dunkler Soßenbinder

Zubereitung:
1. Die Rouladenscheiben flach auf ein Küchenbrett legen, eventuell etwas klopfen und
   dünn mit Senf bestreichen.
2. Den Schinkenspeck in Streifen schneiden.
3. 2 Äpfel schälen, vierteln, entkernen und in dünne Spalten schneiden.
4. 1 Zwiebel schälen und fein würfeln.
5. Die Rouladen mit den Schinkenstreifen und den Apfelspalten belegen.
6. Die Zwiebelwürfel darüber verteilen.
7. Die Rouladen von einer kurzen Seite her aufrollen und mit Rouladenklammern oder
   Küchenzwirn binden.
8. Die zweite Zwiebel schälen und grob würfeln.
9. 1 Apfel (mit Schale) entkernen, grob würfeln.
10. Das Schmalz in einem Bratentopf erhitzen und die Rouladen von allen Seiten
    anbraten.
11. Etwa zur Hälfte der Anbratzeit die Zwiebel- und Apfelwürfel zufügen und
    mit anschmoren.
12. Die angebratenen Seiten jeweils mit Salz, Pfeffer und Paprika würzen.
13. Die Brühe zugießen und alles zum Kochen bringen.
14. Die Rouladen im zugedeckten Topf 75 bis 80 Minuten garen lassen,
    dabei ein- bis zweimal wenden und verkochten Sud durch heißes Wasser ersetzen.
15. Die restlichen Äpfel schälen, achteln, entkernen und in Scheiben schneiden.
16. Die fertigen Rouladen aus dem Bratensud nehmen und warm stellen.
17. Den Sud mit dem Soßenbinder binden, durch ein Sieb streichen und wieder
    in den Topf gießen.
18. Die Äpfel zugeben und 1 bis 2 Minuten köcheln lassen.
19. Die Soße mit Salz und Pfeffer abschmecken.
20. Die Rouladenklammern beziehungsweise den Zwirn entfernen und
    die Rouladen mit der Apfelsoße anrichten.

Pro Portion: 38 g Eiweiß, 25 g Kohlenhydrate, 19 g Fett, 420 Kilokalorien

Apfel-Gnocchi-Topf

Zutaten:

500 g Gnocchi | 1 Zwiebel | 50 g Bratfett | 500 g Rinderhack | Salz | Pfeffer | Majoran |
2–3 Äpfel (ca. 400 g), z.B. Jonagold | 400 g Porree | 300 ml Brühe | 100 g Sahne |
1 EL heller Soßenbinder

Zubereitung:
1. Die Gnocchi nach Packungsanweisung kochen, abgießen und zur Seite stellen.
2. Die Zwiebel schälen und fein würfeln.
3. 30 Gramm Bratfett in einer Pfanne erhitzen.
4. Das Hackfleisch darin krümelig anbraten.
5. Mit Salz, Pfeffer und Majoran würzen.
6. Das Hackfleisch aus der Pfanne nehmen und warm stellen.
7. Die Äpfel schälen, achteln, entkernen und in Scheiben schneiden.
8. Den Porree putzen, halbieren und in halbe Ringe schneiden.
9. Das restliche Bratfett in die Pfanne geben.
10. Äpfel und Porree zufügen und andünsten.
11. Mit Salz, Pfeffer und Majoran würzen.
12. Brühe und Sahne zugießen.
13. Alles einmal aufkochen lassen und 5 Minuten bei geringer Hitze köcheln lassen.
14. Den Soßenbinder in das Apfel-Porree-Gemüse einrühren und zur gewünschten Konsistenz binden.
15. Das Hackfleisch wieder zufügen, untermengen und alles noch einmal richtig erhitzen.
16. Die Gnocchi zufügen und ebenfalls mit erhitzen.
17. Den Apfel-Gnocchi-Topf vor dem Servieren noch einmal abschmecken.

Pro Portion: 33 g Eiweiß, 58 g Kohlenhydrate, 42 g Fett, 740 Kilokalorien

Apfelsauerkraut

Zutaten:

1 kleine Zwiebel | 2 Äpfel (ca. 300 g), z. B. Elstar | 20 g Butter- oder Griebenschmalz |
500 g Sauerkraut | 100 ml Gemüsebrühe

1. Die Zwiebel schälen und fein würfeln.
2. Die Äpfel schälen, achteln, entkernen und in Scheiben schneiden.
3. Das Schmalz in einem Topf zerlassen.
4. Die Zwiebeln darin anschmoren lassen.
5. Das Sauerkraut zufügen und kurz mit anschmoren.
6. Die Apfelscheiben zufügen und mit dem Sauerkraut vermengen.
7. Die Gemüsebrühe zugießen.
8. Alles einmal aufkochen und bei geringer Hitze 20 Minuten garen lassen.

Pro Portion: 2 g Eiweiß, 9 g Kohlenhydrate, 6 g Fett, 110 Kilokalorien

Apfelrisotto

Zutaten:

1 kleine Zwiebel I ½ Stange Porree I 40 g Butter I 250 g Risottoreis I Salz I 200 ml Cidre (ersatzweise Apfelsaft) I 300 ml Gemüsebrühe I 2 dicke Äpfel (400–450 g), z.B. Boskoop oder Cox Orange I ½ TL Madrascurrypulver I 40 g Rosinen

Zubereitung:
1. Die Zwiebel schälen und fein würfeln.
2. Den Porree putzen, halbieren und in halbe Ringe schneiden.
3. Die Butter in einem Topf zerlassen.
4. Zwiebel und Porree darin 1 bis 2 Minuten anschmoren lassen.
5. Den Reis zufügen und circa 2 Minuten mit anschwitzen.
6. Salz zufügen.
7. Den Cidre und die Hälfte der Gemüsebrühe zugießen und das Risotto bei mittlerer Hitze 20 Minuten köcheln lassen. Dabei öfter umrühren und bei Bedarf noch etwas Flüssigkeit nachgießen.
8. In der Zwischenzeit die Äpfel schälen, achteln, entkernen und in Scheiben schneiden.
9. Nach 15 Minuten Äpfel, Currypulver und Rosinen zum Reis geben und alles weitere 5 bis 7 Minuten köcheln lassen.
10. Das Apfelrisotto vor dem Servieren nochmals mit Currypulver und Salz abschmecken.

Pro Portion: 5 g Eiweiß, 74 g Kohlenhydrate, 11 g Fett, 420 Kilokalorien

Apfelpfannkuchen

Zutaten:

2–3 Äpfel (ca. 400 g), z.B. Elstar I etwas Zitronensaft I 3 Eier I 8 gehäufte EL Mehl I
ca. 150 ml Milch I 1 Prise Salz I 1 TL Zucker I Bratöl zum Ausbacken I
Zimt und Zucker zum Bestreuen

Zubereitung:
1. Die Äpfel schälen, entkernen und in schmale Spalten schneiden.
2. Mit etwas Zitronensaft beträufeln.
3. Eier, Mehl, Milch, Salz und Zucker zu einem Teig verrühren.
4. 2 Esslöffel Öl in einer beschichteten Pfanne erhitzen.
5. Ein Viertel des Teigs in die Pfanne geben und sofort mit Apfelspalten belegen.
6. Den Pfannkuchen zunächst von der unteren Seite goldbraun backen,
   dann vorsichtig wenden und fertig backen.
7. Aus der Pfanne nehmen und warm stellen.
8. Erneut etwas Öl in die Pfanne geben und die anderen drei Pfannkuchen
   in gleicher Weise backen.
9. Nach Geschmack nur mit Zucker oder mit Zimt und Zucker bestreuen.

Pro Portion: 11 g Eiweiß, 51 g Kohlenhydrate, 22 g Fett, 440 Kilokalorien

Tipp    Wenn man kleinere Pfannkuchen backt,
gelingt das Wenden leichter.

Apfelpfannkuchen

Apfelflammkuchen

Zutaten:

1 Rolle fertiger Blätterteig (Kühlregal) I 100 g Crème fraîche I 100 g Schmand I
2–3 Äpfel (ca. 400 g), z.B. Jonagold I Zimt und Zucker

Zubereitung:
1. Ein Backblech mit Backpapier belegen.
2. Den Backofen auf 180 Grad vorheizen.
3. Den Blätterteig ausrollen und auf das Backpapier legen.
4. Crème fraîche und Schmand verrühren und auf den Blätterteig streichen.
5. Die Äpfel schälen, entkernen und in schmale Spalten schneiden.
6. Die Apfelspalten fächerförmig auf den Blätterteig legen, dabei rundherum einen Rand von 1 bis 1,5 Zentimetern freilassen.
7. Den Rand hochschlagen.
8. Die Äpfel nach Geschmack mit Zimt und Zucker bestreuen.
9. Im Backofen circa 25 Minuten garen lassen.

Pro Portion: 7 g Eiweiß, 53 g Kohlenhydrate, 36 g Fett, 570 Kilokalorien

Süßer Nudel-Apfel-Auflauf

Zutaten:

1 l Wasser | ½ TL Salz | 300 g Nudeln | 300 ml Milch | Fett für die Form |
4 Äpfel (ca. 600 g), z.B. Elstar | 2 Eier | 120 g Butter | 3 EL Zucker

Zubereitung:
1. Das Wasser mit dem Salz zum Kochen bringen und die Nudeln darin 5 Minuten garen lassen.
2. Das Wasser abschütten.
3. Die Nudeln im Topf belassen und mit Milch auffüllen, sodass sie knapp bedeckt sind.
4. Noch einmal kurz aufkochen lassen und bei geringer Hitze gar köcheln lassen, bis die Milch verkocht ist (5 bis 7 Minuten). Dabei mehrmals umrühren, damit die Nudeln nicht anbrennen.
5. Eine Auflaufform einfetten.
6. Den Backofen auf circa 180 Grad vorheizen.
7. Die Nudeln von der Kochplatte nehmen und warm stellen.
8. Die Äpfel schälen, entkernen, achteln und in Scheiben schneiden.
9. Die Eier trennen.
10. Das Eiweiß steif schlagen.
11. Das Eigelb mit der Butter und dem Zucker verrühren.
12. Zuerst das Ei-Butter-Gemisch unter die Nudeln rühren.
13. Dann die Apfelscheiben zufügen und zum Schluss das Eiweiß unterheben.
14. Alles in eine Auflaufform füllen.
15. Im Backofen circa 45 Minuten garen lassen.

Pro Portion: 16 g Eiweiß, 86 g Kohlenhydrate, 34 g Fett, 710 Kilokalorien

Hauptgerichte

Quarkknödel mit Apfel-Wein-Kompott

Quarkknödel mit Apfel-Wein-Kompott

Zutaten:

Für die Knödel:
700 g Kartoffeln I 1 EL Butter I 200 g Quark I 2 Eier I Mark von 1 Vanilleschote I
150 g Mehl I Salz I Puderzucker zum Bestreuen

Für das Kompott:
500 g Äpfel (z.B. Klarapfel oder Boskoop) I etwas Zitronensaft I 100 ml Weißwein I
50 ml naturtrüber Apfelsaft I 1 EL Zucker I etwas Zimt I 1 Prise Ingwer I 1 EL Speisestärke

Zubereitung:
1. Die Kartoffeln gründlich waschen, eventuell bürsten und in Salzwasser 20 Minuten garen.
2. Die Kartoffeln abgießen, etwas ausdampfen lassen, pellen, durch die Kartoffelpresse drücken und auskühlen lassen.
3. Die Butter in einem kleinen Topf zerlassen.
4. Den Quark abtropfen lassen und mit den Eiern, der zerlassenen Butter, dem Vanillemark, dem Mehl und dem Salz zu den Kartoffeln geben. Alles zu einem glatten Teig verarbeiten.
5. Den Teig circa 30 Minuten kalt stellen.
6. In der Zwischenzeit die Äpfel schälen, achteln, entkernen und in Scheiben schneiden.
7. Mit Zitronensaft beträufeln.
8. Die Äpfel mit Weißwein, Apfelsaft, Zucker, Zimt und Ingwer in einen Topf geben und einmal aufkochen.
9. Bei geringer Hitze circa 5 Minuten köcheln lassen.
10. Die Speisestärke mit etwas Wasser anrühren.
11. Das Apfel-Wein-Kompott mit der Speisestärke vorsichtig binden und noch einmal kurz aufkochen lassen.
12. Nach Geschmack das Kompott mit Zucker und Zimt abschmecken und warm stellen.
13. Aus der Kartoffel-Quark-Masse 20 bis 25 Knödel formen.
14. Salzwasser zum Kochen bringen und die Knödel darin 10 bis 12 Minuten garen lassen.
15. Aus dem Topf nehmen, gut abtropfen und etwas auskühlen lassen.
16. Mit Puderzucker bestreuen und mit dem Apfel-Wein-Kompott servieren.

Pro Portion: 12 g Eiweiß, 45 g Kohlenhydrate, 10 g Fett, 350 Kilokalorien

Auch Rosinen schmecken im Apfel-Wein-Kompott hervorragend.   **Tipp**

Apfelmilchreis

Zutaten:

3–4 Äpfel (ca. 500 g), z.B. Elstar I 1–2 EL Zitronensaft I 1 l Milch I 250 g Milchreis I
1 Prise Salz I 2 EL Zucker I Zimt und Zucker zum Bestreuen

Zubereitung:
1. Die Äpfel schälen, achteln, entkernen und in Scheiben schneiden.
2. Mit Zitronensaft beträufeln und zur Seite stellen.
3. Die Milch in einem Topf zum Kochen bringen.
4. Den Reis mit dem Salz und dem Zucker einrühren und unter mehrfachem Umrühren bei ganz geringer Hitze circa 20 Minuten gar köcheln lassen. Vorsicht, der Reis brennt schnell an.
5. Nach circa 10 Minuten Kochzeit die Äpfel zufügen, unterrühren und mitköcheln lassen.
6. Den Apfelreis in eine Schüssel geben, nach Geschmack abkühlen lassen und mit Zimt und Zucker bestreuen.

Pro Portion: 13 g Eiweiß, 85 g Kohlenhydrate, 10 g Fett, 490 Kilokalorien

Tipp

Apfelmilchreis ist sehr sättigend und aus diesem Grund auch als schnelles Mittagessen geeignet. Er schmeckt sowohl heiß als auch kalt hervorragend.

Versunkene Äpfel in Milchreis

Zutaten:

250 g Milchreis l 1 l Milch l 3 Eier l 4 EL Zucker l 125 g Butter l 2 EL Zitronensaft l Fett für die Form l 4 Äpfel (600–700 g), z.B. Boskoop l 4 geh. TL Traubengelee oder anderes rotes Gelee l 30 g Butterflöckchen l ca. 1 EL gehackte Haselnüsse

Zubereitung:
1. Den Milchreis mit der Milch nach Packungsanweisung garen lassen.
2. Den Reis etwas abkühlen lassen.
3. Die Eier trennen.
4. Das Eiweiß steif schlagen und zur Seite stellen.
5. Das Eigelb mit dem Zucker, der Butter und dem Zitronensaft unter den Reis rühren.
6. Das Eiweiß vorsichtig unterheben.
7. Den Backofen auf 180 Grad vorheizen.
8. Eine Auflaufform einfetten.
9. Die Äpfel waschen, schälen und mit einem Apfelausstecher großzügig entkernen.
10. Den Milchreis in die Auflaufform geben.
11. Die Äpfel mit einer Öffnung nach oben in den Reis setzen.
12. Das Gelee in die Äpfel füllen.
13. Die Butterflöckchen auf dem Auflauf verteilen.
14. Mit Haselnüssen bestreuen.
15. Im Backofen circa 40 Minuten backen lassen.

Pro Portion: 19 g Eiweiß, 113 g Kohlenhydrate, 49 g Fett, 970 Kilokalorien

Spekulatiusapfel im Teigmantel

Zutaten:

250 g Mehl I 1 TL Backpulver I 80 g Zucker I 1 Pck. Vanillezucker I 2 Eier I 125 g Butter I
4 große Äpfel (700–800 g), z.B. Boskoop I 70 g Gewürzspekulatius I 30 g Marzipan I
25 g gehackte Nüsse I etwas Eigelb

Zubereitung:
1. Mehl und Backpulver mischen und in eine Schüssel geben.
2. In die Mitte eine Vertiefung drücken.
3. Dort hinein Zucker, Vanillezucker, Eier und Butter geben.
4. Alles mit Knethaken zu einem glatten Teig verarbeiten.
5. Den Teig circa 30 Minuten im Kühlschrank ruhen lassen.
6. Den Backofen auf 180 Grad vorheizen.
7. Den Teig dünn ausrollen und in vier Teile teilen.
8. Die Äpfel waschen und großzügig entkernen.
9. Je einen Apfel auf ein Teigstück setzen.
10. Für die Apfelfüllung Spekulatius und Marzipan zerbröseln und in eine
    kleine Schüssel geben.
11. Die Nüsse dazugeben und alles vermengen.
12. Die Füllung in die ausgestochenen Äpfel füllen.
13. Den Teig gleichmäßig um die gefüllten Äpfel legen und oben zusammendrücken.
14. Die Äpfel in eine Auflaufform oder auf ein Backblech setzen.
15. Mit Eigelb bestreichen.
16. Die Äpfel im Backofen circa 40 Minuten garen lassen.

Pro Portion: 14 g Eiweiß, 100 g Kohlenhydrate, 43 g Fett, 850 Kilokalorien

Tipp

Durch die Teighülle sind diese Äpfel sehr
sättigend.

Dazu schmeckt warme Vanillesoße.

Spekulatiusapfel im Teigmantel

Nachspeisen

Zimtsahneapfel auf Vanilleeis

Zutaten:

4–5 Äpfel (ca. 700 g), z.B. Boskoop oder Elstar | 50 g Rosinen | 1 EL Zucker |
150 ml trockener Weißwein | 250 g Sahne | 1 TL Zimt | 8 Kugeln Vanilleeis

Zubereitung:
1. Die Äpfel schälen, entkernen, in Spalten schneiden und in einen Kochtopf geben.
2. Die Rosinen und den Zucker zufügen.
3. Den Weißwein zugießen.
4. Alles einmal aufkochen lassen und bei geringer Hitze 5 bis 8 Minuten garen lassen,
   dabei gelegentlich umrühren, damit die Äpfel nicht anbrennen.

Zimtsahneapfel auf Vanilleeis

5. Die Äpfel von der Kochstelle nehmen und abkühlen lassen.
6. In der Zwischenzeit die Sahne steif schlagen und den Zimt unterrühren.
7. Die Sahne unter die ausgekühlten Äpfel heben.
8. Je zwei Kugeln Vanilleeis mit den Zimtsahneäpfeln auf vier Glastellern anrichten und sofort servieren.

Pro Portion: 9 g Eiweiß, 65 g Kohlenhydrate, 33 g Fett, 620 Kilokalorien

Sind Kinder mit am Tisch,
bitte den Wein durch Apfelsaft ersetzen.

Tipp

Apfeldessert mit Joghurthaube

Zutaten:

5–6 Äpfel (ca. 800 g), z.B. Cox Orange I etwas Zitronensaft I
200 ml naturtrüber Apfelsaft I 2 EL Zucker I 1 Pck. Vanillezucker I
1 Stück Zimtstange I 400 g Vanillejoghurt

Zubereitung:
1. Die Äpfel schälen, entkernen, in Spalten schneiden und in einen Topf geben.
2. Mit Zitronensaft beträufeln und den Apfelsaft zugießen.
3. Zucker, Vanillezucker und die Zimtstange zufügen.
4. Alles einmal aufkochen lassen und bei geringer Hitze circa 5 Minuten garen lassen, dabei gelegentlich umrühren, damit die Äpfel nicht anbrennen.
5. Die Zimtstange entfernen.
6. Die Äpfel etwas abkühlen lassen und in Glasschalen füllen.
7. Den Joghurt glatt rühren, auf die Äpfel geben und servieren.

Pro Portion: 4 g Eiweiß, 43 g Kohlenhydrate, 5 g Fett, 240 Kilokalorien

 Tipp

Nach Geschmack kann man diese Nachspeise
noch mit Schokostreuseln verzieren.

Calvados-Sahne-Creme

Zutaten:

450 ml Apfelsaft I 1 Pck. Vanillepuddingpulver I 1 EL Zucker I 3 EL Calvados I
200 g Sahne I ½ Pck. Vanillezucker I etwas Zimt I etwas brauner Zucker

1. Vom Apfelsaft 2 Esslöffel abnehmen und mit dem Puddingpulver, dem Zucker und dem Calvados in einer kleinen Schüssel anrühren.
2. Den restlichen Apfelsaft in einem Topf zum Kochen bringen.
3. Das angerührte Puddingpulver in den Saft einrühren, einmal unter Rühren aufkochen lassen und vom Herd nehmen.
4. Den Pudding abkühlen lassen, dabei mehrmals umrühren.
5. In der Zwischenzeit die Sahne mit dem Vanillezucker steif schlagen.
6. Die Sahne unter den abgekühlten Pudding ziehen und zur Creme rühren.
7. Die Creme in Portionsschalen verteilen.
8. Etwas Zimt und braunen Zucker vermischen und auf jede Cremeportion streuen.

Pro Portion: 2 g Eiweiß, 35 g Kohlenhydrate, 15 g Fett, 310 Kilokalorien

Apfelgrütze auf Eis

Zutaten:

3–4 Äpfel (ca. 500 g), z.B. Elstar I 150 ml Wasser I 150 ml Apfelsaft I 4 EL Zucker I 200 ml Apfelwein I 1 Pck. Rote Grütze (zum Kochen) I 2 Kugeln Vanilleeis pro Person

Zubereitung:
1. Die Äpfel waschen, schälen, achteln, entkernen und in dünne Scheiben schneiden.
2. Das Wasser mit dem Apfelsaft und Zucker zum Kochen bringen.
3. Die Apfelscheiben zugeben und bei geringer Hitze circa 5 Minuten dünsten lassen.
4. Die Äpfel auf ein Sieb gießen, die Flüssigkeit dabei auffangen.
5. Die Flüssigkeit mit 150 Millilitern Apfelwein auf knapp ½ Liter ergänzen und erneut zum Kochen bringen.
6. Mit dem restlichen Apfelwein die Rote Grütze anrühren und unter Rühren in den kochenden Saft geben.
7. Alles einmal aufkochen lassen und vom Herd nehmen.
8. Die Apfelscheiben unter die Grütze heben und alles etwas abkühlen lassen.
9. Das Vanilleeis auf Desserttellern anrichten und die Apfelgrütze dazu reichen.

Pro Portion: 7 g Eiweiß, 73 g Kohlenhydrate, 14 g Fett, 470 Kilokalorien

Bratapfel mit Cornflakes-Schoko-Füllung

Zutaten:

4 große Äpfel (700–800 g), z.B. Boskoop | 1–2 EL Erdbeersoße | 40 g Cornflakes |
20 g Schokostreusel | 20 g gehackte Haselnüsse

Zubereitung:
1. Den Backofen auf 180 Grad vorheizen.
2. Die Äpfel gründlich waschen.
3. Mit einem Apfelausstecher das Kerngehäuse großzügig ausstechen.
4. Die Äpfel in eine Auflaufform setzen und von innen mit der Erdbeersoße ausstreichen.
5. Die Cornflakes in eine Schüssel geben und zerbröseln.
6. Die Schokostreusel und die Haselnüsse zugeben und alles vermischen.
7. Die Cornflakes-Schoko-Mischung in die ausgehöhlten Äpfel füllen.
8. Die Auflaufform in den Ofen stellen.
9. Die Äpfel circa 25 Minuten garen lassen.
10. Noch warm servieren.

Pro Portion: 2 g Eiweiß, 32 g Kohlenhydrate, 6 g Fett, 190 Kilokalorien

Tipp

Zu diesen Bratäpfeln schmeckt
am besten warme Vanillesoße.

Apfel-Rum-Rosinen-Creme

Zutaten:

3–4 Äpfel (500 g), z.B. Elstar | 450 ml Apfelsaft | 1 Pck. Vanillepuddingpulver |
2 EL Zucker | 3 cl Rum | 50 g Rosinen | 200 g Sahne | 50 g Schokostreusel

1. Die Äpfel waschen, schälen, achteln, entkernen und in Scheiben schneiden.
2. Den Apfelsaft zum Kochen bringen und die Äpfel darin 5 Minuten dünsten.
3. Das Puddingpulver mit Zucker und Rum anrühren, in die Äpfel einrühren und kurz aufkochen lassen.
4. Die Rosinen zufügen.
5. Die Apfelcreme abkühlen lassen, dabei mehrfach umrühren.
6. Die Sahne steif schlagen und unter die Apfelcreme heben.
7. Die Apfelcreme in Portionsschälchen füllen und mit Schokostreuseln servieren.

Pro Portion: 3 g Eiweiß, 59 g Kohlenhydrate, 20 g Fett, 450 Kilokalorien

Apfel-Joghurtmousse

Zutaten:

4 Äpfel (600 g), z.B. Cox Orange | 30 g Butter | 200 ml Apfelsaft | 4 EL Zitronensaft |
200 g Naturjoghurt | 1 Pck. Gelatine Fix | 1 EL Zucker | 200 g Sahne |
50 g geraspelte Schokolade | ein paar Blättchen frische Zitronenmelisse

Zubereitung:
1. Die Äpfel schälen, vierteln, entkernen und in grobe Stücke schneiden.
2. Die Butter in einem Topf zerlassen und die Äpfel darin andünsten.
3. Apfelsaft und Zitronensaft zugießen und alles 10 Minuten garen lassen.
4. Von der Kochplatte nehmen, fein pürieren und etwas abkühlen lassen.
5. Joghurt und Gelatine Fix unterrühren.
6. Den Zucker unterrühren.
7. Wenn die Creme zu gelieren beginnt, die Sahne steif schlagen und unterheben.
8. In Portionsschalen füllen und mit Schokolade und Zitronenmelisse garnieren.

Pro Portion: 7 g Eiweiß, 37 g Kohlenhydrate, 28 g Fett, 430 Kilokalorien

Bratapfel aus der Pfanne mit Vanillesoße

Bratapfel aus der Pfanne mit Vanillesoße

Zutaten:

1 Pck. Vanillesoße zum Kochen I 2 EL Zucker I 500 ml Milch I 1 kg Äpfel (z.B. Boskoop) I 30 g Butter I Zimt I 1–2 EL Zucker I 20–30 g Haselnusskerne, gehobelt

Zubereitung:
1. Die Vanillesoße mit dem Zucker und der Milch nach Packungsanweisung zubereiten.
2. Die Vanillesoße in eine Soßenkanne gießen, mit Folie abdecken und zur Seite stellen.
3. Die Äpfel waschen und schälen.
4. Mit einem Apfelausstecher das Kerngehäuse entfernen und die Äpfel in circa 1,5 Zentimeter dicke Ringe schneiden.
5. Die Butter in einer Pfanne zerlassen und die Apfelscheiben darin von beiden Seiten 5 bis 7 Minuten goldbraun backen.
6. Die Pfanne vom Herd nehmen.
7. Zimt und Zucker in einer kleinen Tasse vermengen.
8. Die gebackenen Apfelscheiben mit der Zimt-Zucker-Mischung bestreuen, dabei mehrmals vorsichtig wenden.
9. Die Haselnusskerne darüberstreuen.
10. Die Bratäpfel auf tiefen Tellern mit der Vanillesoße servieren.

Pro Portion: 6 g Eiweiß, 54 g Kohlenhydrate, 16 g Fett, 360 Kilokalorien

Nach Geschmack kann man noch etwas Honig über die gebratenen Äpfel träufeln.

Tipp

Apfel-Tiramisu

Zutaten:

3–4 Äpfel (ca. 600 g), z. B. Elstar I 300 ml Apfelsaft I 1 EL Zucker I Zimt I 50 g Rosinen I 3 EL Speisestärke I 6–7 EL Apfel-Zimt-Likör (ersatzweise Calvados) I 150 g Löffelbiskuits I 200 g Sahne I 1 Pck. Vanillezucker I 200 g Naturjoghurt I 200 g Schmand I ½ Tl Zimt I 1 EL Zucker

Zubereitung:
1. Die Äpfel waschen, schälen, achteln, entkernen und in Scheiben schneiden.
2. Den Apfelsaft mit dem Zucker und etwas Zimt zum Kochen bringen und die Äpfel darin 5 Minuten dünsten.
3. Die Rosinen zufügen.
4. Die Speisestärke mit 3 Esslöffeln Likör verrühren und die köchelnde Apfelmasse damit andicken.
5. Von der Platte nehmen und abkühlen lassen.
6. Die Löffelbiskuits in eine möglichst rechteckige Schale legen und mit dem restlichen Likör beträufeln.
7. Die abgekühlte Apfelmasse über die Löffelbiskuits geben und glatt streichen.
8. Die Sahne mit dem Vanillezucker steif schlagen.
9. Joghurt und Schmand zur Sahne geben und unterheben.
10. Die Sahne-Joghurt-Creme auf die Apfelmasse geben und ebenfalls glatt streichen.
11. Zimt und Zucker vermischen und auf die Sahne-Joghurt-Creme streuen.
12. Die Apfellasagne im Kühlschrank mindestens 4 bis 6 Stunden durchziehen lassen.

Pro Portion: 10 g Eiweiß, 87 g Kohlenhydrate, 31 g Fett, 720 Kilokalorien

Apfel-Tiramisu

Wintertraum mit Apfel und Spekulatius

Zutaten:

3–4 Äpfel (ca. 500 g), z.B. Jonagold I 1 EL Zucker I 50 g Rosinen I 2–3 EL Rum I
200 g Sahne I 1 Pck. Vanillezucker I 200 g Schmand I 250 g Quark I 150 g Gewürz-
oder Butterspekulatius

Zubereitung:
1. Die Äpfel waschen, schälen, vierteln und entkernen.
2. Die Äpfel mit dem Zucker und etwas Wasser zum Kochen bringen.
3. Bei geringer Hitze circa 5 Minuten gar kochen.
4. Die Rosinen mit dem Rum beträufeln, vermischen und ein paar Minuten
   durchziehen lassen.
5. Die gekochten Äpfel grob zerstampfen und die Rosinen unterheben.
6. Das Apfel-Rosinen-Mus in eine große Schüssel geben und etwas auskühlen lassen.
7. Die Sahne steif schlagen und mit dem Vanillezucker und dem Schmand unter den
   Quark heben.
8. Die Quarkmasse über das Mus geben und glatt streichen.
9. Die Spekulatius grob zerbröckeln und über die Creme streuen.

Pro Portion: 15 g Eiweiß, 56 g Kohlenhydrate, 35 g Fett, 620 Kilokalorien

Tipp

Die Spekulatius erst kurz vor dem Servieren über
die Creme geben, da sie sonst zu weich werden.

Apfel-Aprikosen-Mus mit Häubchen

Zutaten:

5–6 Äpfel (ca. 800 g), z.B. Elstar I 100 ml Wasser I 1 EL Zucker I 10 halbe Aprikosen
(aus der Dose) I 200 g Sahne I 1 Pck. Vanillezucker I 2 EL Schmand I Zimt I Zucker

Apfel-Aprikosen-Mus mit Häubchen

→ Zubereitung:

1. Die Äpfel schälen, vierteln, entkernen und in grobe Stücke schneiden.
2. Die Äpfel noch einmal mit kaltem Wasser abspülen und in einen Kochtopf geben.
3. Wasser und Zucker zugeben und alles einmal aufkochen lassen.
4. Bei geringer Hitze 5 bis 10 Minuten garen lassen.
5. Die Aprikosen gut abtropfen lassen und in kleine Würfel schneiden.
6. Die gegarten Äpfel etwas zerstampfen.
7. Die Aprikosen unterheben und alles noch einmal kurz aufkochen lassen.
8. Das Apfel-Aprikosen-Mus in Dessertschalen füllen und zur Seite stellen.
9. Die Sahne mit dem Vanillezucker steif schlagen.
10. Den Schmand unterrühren.
11. Je ein Häubchen Schmandsahne auf das Mus setzen.
12. Nach Geschmack mit Zimt und Zucker bestreuen.

Pro Portion: 3 g Eiweiß, 47 g Kohlenhydrate, 19 g Fett, 370 Kilokalorien

Zur passenden Jahreszeit kann man dieses Dessert auch gut mit frischen Aprikosen zubereiten.

Tipp

Selbstgebackenes

Apfelstreuselkuchen

Zutaten: (für 12 Stücke)

120 g Mehl I 1 gestr. TL Backpulver I 100 g Zucker I 1 Pck. Vanillezucker I 100 g Butter I
1 Ei I 100 g Mandelblätter I 5 Äpfel (750 g), z.B. Cox Orange

Für die Streusel:
120 g Mehl I 80 g Zucker I 80 g Butter I 1 Pck. Vanillezucker I etwas Zimt I
100 g Mandelblätter

Zubereitung:
1. Das Mehl in eine Schüssel geben und mit dem Backpulver vermischen.
2. Eine Vertiefung in die Mitte drücken und den Zucker, den Vanillezucker,
   die Butter und das Ei dort hineingeben.
3. Alles mit den Knethaken eines Handrührgeräts zu einem glatten Teig verarbeiten.
4. Die Mandeln zufügen und unterkneten.

Apfelstreuselkuchen

5. Eine Springform (26 Zentimeter Durchmesser) mit Backpapier auslegen,
   den Teig hineingeben und kühl stellen.
6. Den Backofen auf 200 Grad vorheizen.
7. Die Äpfel schälen, entkernen und in Spalten schneiden.
8. Die Apfelspalten fächerförmig auf dem Teig verteilen.
9. Für die Streusel alle Zutaten in eine Schüssel geben und ebenfalls mit Knethaken
   zu Streuseln verarbeiten.
10. Die Streusel auf den Äpfeln verteilen.
11. Den Kuchen im Backofen 40 bis 45 Minuten garen lassen.

Pro Portion: 6 g Eiweiß, 38 g Kohlenhydrate, 22 g Fett, 380 Kilokalorien

Selbstgebackenes

Apfel-Baiser-Schnitten

Zutaten: (für 16 Stücke)

180 g Butter I 150 g Zucker I 3 Eigelb I 300 g Mehl I 2 TL Backpulver I
6 EL Dosenmilch oder Sahne I 3 Eiweiß I 150 g Zucker I 1 TL Vanillezucker

Für die Füllung:
4 Äpfel (600 g), z.B. Elstar I 350 ml Apfelsaft I 1 Pck. Vanillepuddingpulver I
2 EL Zucker I 2–3 EL Calvados I 500 g Sahne I 1 TL Vanillezucker I 1Pck. Sahnesteif

Zubereitung:
1. Den Backofen auf 180 Grad vorheizen.
2. Die Butter mit dem Zucker und dem Eigelb verrühren.
3. Das Mehl mit dem Backpulver vermischen und mit der Dosenmilch oder Sahne unterrühren.
4. Ein Backblech mit Backpapier auslegen und den Teig auf das Blech streichen.
5. Das Backpapier am Rand etwas hochklappen, damit der Teig nicht verlaufen kann.
6. Das Eiweiß mit dem Zucker und dem Vanillezucker steif schlagen.
7. Die Baisermasse auf dem Teig verteilen.
8. Das Backblech in den Ofen schieben und den Kuchen circa 20 Minuten garen lassen.
9. In der Zwischenzeit die Äpfel schälen, achteln, entkernen und in Scheiben schneiden.
10. Den Apfelsaft mit den Äpfeln in einem Topf zum Kochen bringen und die Äpfel bei geringer Hitze circa 5 Minuten dünsten.
11. Das Puddingpulver mit dem Zucker und dem Calvados in einer kleinen Schüssel anrühren, in die Apfelmasse rühren, einmal kurz aufkochen, zur Seite stellen und abkühlen lassen.
12. Den Kuchen aus dem Ofen nehmen und waagerecht halbieren.
13. Die eine Hälfte des Kuchens sofort vorsichtig in 16 Stücke schneiden.
14. Den Kuchen auskühlen lassen.
15. Die Apfelcreme auf dem ungeschnittenen Teil verteilen.
16. Die Sahne mit dem Vanillezucker und Sahnesteif steif schlagen, auf der Apfelcreme verteilen und glatt streichen.
17. Die geschnittenen Kuchenstücke auf die Sahne setzen.
18. Die Schnitten 1 bis 2 Stunden kühl durchziehen lassen.

Pro Portion: 4 g Eiweiß, 45 g Kohlenhydrate, 20 g Fett, 380 Kilokalorien

Tipp  Wenn Kinder mitessen, bitte den Calvados durch Apfelsaft ersetzen.

Apfelkuchen mit Frischkäsehaube

Zutaten: (für 12 Stücke)

1 kg leicht säuerliche Äpfel (z.B. Jonagold) I 150 g Butter I 120 g Zucker I
1 Pck. Vanillezucker I 3 Eier I 100 g Mehl I 1½ TL Backpulver I 150 g Haferflocken I
50 g gemahlene Mandeln I 1 EL Milch I Fett für die Form I 1 EL Paniermehl I
200 g Frischkäse I 2 Eier I 1 EL Zucker I 2 EL Milch

Zubereitung:
1. Die Äpfel waschen, schälen, entkernen und in Spalten schneiden.
2. Die Butter mit dem Zucker, Vanillezucker und den Eiern in eine Schüssel geben und schaumig rühren.
3. Das Mehl mit dem Backpulver vermischen und zugeben.
4. Haferflocken, Mandeln und Milch zufügen und alles gut verrühren.
5. Eine Kuchenform einfetten und dünn mit Paniermehl ausstreuen.
6. Den Backofen auf 180 Grad vorheizen.
7. Den Teig in die Form geben, dabei den Rand etwa 1 bis 2 Zentimeter hochziehen.
8. Die Apfelspalten spiralförmig auf den Teig legen und etwas andrücken.
9. Für die Haube den Frischkäse mit den Eiern, dem Zucker und der Milch verrühren.
10. Die Frischkäsemischung über die Äpfel gießen.
11. Den Kuchen im Backofen 50 bis 60 Minuten garen lassen.

Pro Portion: 8 g Eiweiß, 37 g Kohlenhydrate, 22 g Fett, 380 Kilokalorien

Apfeltorte mit gebackener Weincreme

Apfeltorte mit gebackener Weincreme

Zutaten: (für 12 Stücke)

5–6 Äpfel (800 g), z.B. Braeburn I 2 Pck. Vanillepuddingpulver I 150 g Zucker I
150 ml Apfelsaft I 500 ml trockener Weißwein I 200 g Mehl I 1 gestr. TL Backpulver I
100 g Zucker I 1 Ei I 125 g Butter I Fett für die Form I 400 g Sahne I 2 Pck. Sahnesteif I
1 TL Vanillezucker I 3 EL Schokostreusel I 2–3 EL Eierlikör

Zubereitung:
1. Die Äpfel waschen, schälen, achteln, entkernen und in Scheiben schneiden.
2. Das Puddingpulver mit dem Zucker und 50 Millilitern Apfelsaft anrühren.
3. Den Weißwein mit dem restlichen Apfelsaft zum Kochen bringen,
   das Puddingpulver einrühren.
4. Noch einmal kurz aufkochen lassen und vom Herd nehmen.
5. Die Äpfel unter die Pudding-Weincreme heben und zur Seite stellen.
6. Für den Teig das Mehl mit dem Backpulver in eine Rührschüssel geben und
   vermischen.
7. Zucker, Ei und Butter zufügen und alles mit den Knethaken des Handrührgeräts zu
   einem glatten Teig verarbeiten.
8. Den Backofen auf 180 Grad vorheizen.
9. Eine Springform (26 Zentimeter Durchmesser) einfetten.
10. Den Teig hineinfüllen, dabei einen Rand von ungefähr 3 Zentimetern hochziehen.
11. Die Apfel-Weincreme auf den Teig geben und glatt streichen.
12. Im Backofen circa 60 Minuten backen lassen.
13. Den Kuchen aus dem Backofen nehmen und in der Form auskühlen lassen.
14. Den Kuchen aus der Form nehmen und auf eine Tortenplatte setzen.
15. Die Sahne mit dem Sahnesteif und dem Vanillezucker steif schlagen.
16. Auf der Apfel-Weincreme verteilen und glatt streichen.
17. Den oberen äußeren Rand der Torte in einem Ring von 2 Zentimetern mit
    Schokostreuseln bestreuen.
18. Den Eierlikör in die Mitte der Streusel gießen und glatt streichen.
19. Die Torte vor dem Servieren 2 bis 3 Stunden kalt stellen.

Pro Stück: 4 g Eiweiß, 50 g Kohlenhydrate, 21 g Fett, 430 Kilokalorien

Apfel-Nussnugat-Kuchen vom Blech

Zutaten: (für 20 Stücke)

2–3 Äpfel (ca. 450 g), z.B. Gala Royal I 150 g Butter I 125 g Zucker I 1 Pck. Vanillezucker I
4 Eier I 200 g Mehl I 2 TL Backpulver I 100 g Walnüsse, grob gehackt I
2 geh. EL Nussnugatcreme I etwas Zimt I 1–2 EL Milch I 100 g dunkle Kuvertüre

Zubereitung:
1. Die Äpfel schälen, vierteln, entkernen und in Scheiben schneiden.
2. Ein Backblech mit Backpapier auslegen.
3. Den Backofen auf 180 Grad vorheizen.
4. Die Butter mit dem Zucker, Vanillezucker und den Eiern schaumig rühren.
5. Das Mehl mit dem Backpulver vermischen und unterrühren.
6. Walnüsse, Nussnugatcreme und Zimt zufügen und alles gut verrühren.
7. Wenn der Teig zu fest ist, etwas Milch unterrühren.
8. Die Äpfel unterheben.
9. Alles auf das Backblech geben und glatt streichen, die Menge reicht
   ungefähr für zwei Drittel des Blechs.
10. Im Backofen 30 Minuten backen.
11. Aus dem Ofen nehmen und etwas abkühlen lassen.
12. Die Kuvertüre nach Packungsanweisung erwärmen,
    auf den Kuchen streichen und erkalten lassen.

Pro Stück: 4 g Eiweiß, 22 g Kohlenhydrate, 12 g Fett, 210 Kilokalorien

Mohn-Marzipan-Torte mit Apfelfüllung

Zutaten: (für 16 Stücke)

4 Eier I 150 g Zucker I 1 Pck. Vanillezucker I 3 EL lauwarmes Wasser I 175 g Mehl I
1 Pck. Backpulver I 250 g backfertige Mohnmischung

Für die Füllung:
250 ml Apfelsaft, naturtrüb I 2–3 Äpfel (ca. 400 g), z.B. Cox Orange I 1 EL Zucker I
2 EL Speisestärke I etwas Wasser zum Anrühren I 300 g Sahne I 1 Pck. Vanillezucker I

Zimt und Zucker zum Abschmecken I 2–3 TL Apfelgelee oder Bratapfelkonfitüre I
1 Marzipandecke (300 g) I 12 Stck. Schokodekor zum Verzieren

Zubereitung:

1. Eine Springform (26 Zentimeter Durchmesser) mit Backpapier auslegen.
2. Den Backofen auf 180 Grad vorheizen.
3. Die Eier trennen, dabei das Eiweiß in eine große Rührschüssel und das Eigelb in eine Tasse geben.
4. Das Eiweiß mit dem Zucker und dem Vanillezucker steif schlagen.
5. Das Wasser zum Eigelb geben, etwas verquirlen und beides unter das Eiweiß heben.
6. Zuerst das Mehl mit dem Backpulver vermischen und unterheben, dann die Mohnmischung.
7. Den Teig in die Form füllen und glatt streichen.
8. Im Backofen 40 bis 45 Minuten garen lassen.
9. Den Kuchen aus dem Backofen nehmen und aus der Form lösen.
10. Auf einem Kuchenrost auskühlen lassen.
11. In der Zwischenzeit für die Füllung den Apfelsaft in einen Kochtopf gießen.
12. Die Äpfel schälen, achteln, entkernen und in Scheiben schneiden.
13. Die Äpfel mit dem Zucker in den Apfelsaft geben und alles zum Kochen bringen.
14. Bei geringer Hitze circa 5 Minuten garen lassen.
15. Die Speisestärke mit etwas Wasser verrühren und die Äpfel damit binden.
16. Die Äpfel auskühlen lassen, dabei ab und zu umrühren.
17. Die Sahne mit dem Vanillezucker steif schlagen und zwei Drittel der Sahne unter die Äpfel heben.
18. Die Apfelsahne mit Zimt und Zucker abschmecken.
19. Den ausgekühlten Kuchen zweimal waagerecht durchschneiden.
20. Auf den unteren Boden das Apfelgelee geben und glatt streichen.
21. Den zweiten Boden aufsetzen.
22. Die Apfelsahne auf den zweiten Boden geben, glatt streichen und den dritten Boden aufsetzen.
23. Die Hälfte der restlichen Sahne dünn oben auf den Kuchen sowie an den Rand streichen.
24. Die Marzipandecke ausrollen, auf die Torte legen und rundherum passend abschneiden.
25. Die Torte in 16 Stücke einteilen.
26. Die restliche Sahne in einen Spritzbeutel füllen und Sahnehäubchen auf jedes Tortenstück setzen.
27. Das restliche Marzipan zu Kugeln formen und vor die Sahnetupfer setzen.
28. Das Schokodekor aufsetzen.
29. Die Torte im Kühlschrank mindestens 4 bis 6 Stunden durchziehen lassen.

Pro Stück: 6 g Eiweiß, 48 g Kohlenhydrate, 13 g Fett, 330 Kilokalorien

Selbstgebackenes

Apfel-Käsekuchen

Zutaten: (für 12 Stücke)

Für den Knetteig:
175 g Mehl I 1 TL Backpulver I 125 g Zucker I 1 Pck. Vanillezucker I 1 Ei I 75 g Butter I
2 EL Milch

Für den Belag:
4 Äpfel (ca. 600 g), z. B. Boskoop I 3 Eier I 500 g Quark I 125 g Zucker I
1 Pck. Vanillepuddingpulver I 75 ml Sonnenblumenöl oder Rapsöl I 125 ml Milch I
1 Pck. roter Tortenguss I 2 EL Zucker I 250 ml Wasser

Zubereitung:
1. Eine Springform (26 oder 28 Zentimeter Durchmesser) mit Backpapier auslegen.
2. Den Backofen auf 180 Grad vorheizen.
3. Für den Teig das Mehl mit dem Backpulver in eine Rührschüssel geben und vermischen.
4. Zucker, Vanillezucker, Ei, Butter und Milch zufügen und alles gut verkneten.
5. Zwei Drittel des Teiges auf dem Boden der Springform verteilen.
6. Die Form in den Backofen setzen und 10 Minuten backen.
7. Die Form aus dem Ofen nehmen und den Boden etwas abkühlen lassen.
8. In der Zwischenzeit die Äpfel schälen, vierteln, entkernen und in Spalten schneiden.
9. Die Eier trennen, das Eiweiß mit einer Prise Zucker steif schlagen.
10. Für die Käsemasse den Quark mit Zucker, Eigelb, Puddingpulver, Öl und Milch in eine Rührschüssel geben und glatt rühren.
11. Das Eiweiß unter die Quarkmasse heben.
12. Den restlichen Teig zu einer Rolle formen, als Rand auf den vorgebackenen Boden legen und zu einem circa 3 Zentimeter hohen Teigrand hochziehen.
13. Die Käsemasse auf den Boden geben und glatt streichen.
14. Die Apfelspalten spiralförmig auf die Käsemasse legen.
15. Die Ofentemperatur auf 160 Grad reduzieren und den Kuchen 55 bis 60 Minuten backen.
16. Die Temperatur ausschalten und den Kuchen noch circa 10 Minuten im warmen Ofen stehen lassen.
17. Den Kuchen aus dem Backofen nehmen und mit einem Messer vom Springbodenrand lösen.
18. Circa 30 Minuten abkühlen lassen.
19. Den Tortenguss nach Packungsanweisung mit Zucker und Wasser zubereiten.
20. Den Tortenguss über die Äpfel geben und den Kuchen auskühlen lassen.

Pro Stück: 8 g Eiweiß, 45 g Kohlenhydrate, 19 g Fett, 390 Kilokalorien

Apfel-Käsekuchen

Mit Schlagsahne servieren.

Tipp

Schnelle Apfelteilchen

Schnelle Apfelteilchen

Zutaten: (für 12 Stücke)

4 Äpfel (600 g), z.B. Braeburn l 3–4 EL Zitronensaft l 150 g Butter l 2 Eier l
150 g Zucker l 1 Pck. Vanillezucker l 250 g Mehl l 2 gestr. TL Backpulver l etwas Milch l
Puderzucker zum Bestreuen

Zubereitung:
1. Die Äpfel waschen, schälen, achteln, entkernen und in Scheiben schneiden.
2. Mit 1 bis 2 Esslöffeln Zitronensaft beträufeln und zur Seite stellen.
3. Die Butter mit den Eiern, dem Zucker und dem Vanillezucker schaumig rühren.
4. Das Mehl mit dem Backpulver vermischen und mit dem restlichen Zitronensaft
   unterrühren.
5. Nach Bedarf etwas Milch zugießen, der Teig darf aber nicht zu weich sein.
6. Die Äpfel unterheben.
7. Den Backofen auf 180 Grad vorheizen.
8. Ein Backblech mit Backpapier auslegen.
9. Den Teig in 12 Häufchen auf das Backblech setzen.
10. Die Teilchen im Backofen 25 bis 30 Minuten backen.
11. Etwas abkühlen lassen und mit Puderzucker bestreuen.

Pro Stück: 3 g Eiweiß, 36 g Kohlenhydrate, 12 g Fett, 260 Kilokalorien

Selbstgebackenes

Gedeckter Apfelkuchen vom Blech

Zutaten: (für 24 Stücke)

Für den Mürbeteig:
500 g Mehl l 1 geh. TL Backpulver l 2 Eier l 125 g Zucker l 2 Pck. Vanillezucker l
250 g Butter

Für die Füllung:
2 kg Äpfel (z.B. Boskoop oder Braeburn) l 1 TL Zimt l 2 EL Zucker l
50–100 g Rosinen (nach Geschmack)

Für den Guss:
200 g Puderzucker l 1 TL Zitronensaft l etwas Wasser zum Anrühren

Zubereitung:
1. Mehl und Backpulver in eine Rührschüssel geben und in die Mitte eine Vertiefung drücken.
2. Eier, Zucker, Vanillezucker und Butter hineingeben.
3. Alles zu einem glatten Teig verarbeiten.
4. Den Teig im Kühlschrank 30 Minuten ruhen lassen.
5. In der Zwischenzeit die Äpfel schälen, entkernen und in Spalten schneiden.
6. Zimt und Zucker vermischen.
7. Die Äpfel mit der Zimt-Zucker-Mischung bestreuen.
8. Ein Backblech einfetten oder mit Backpapier auslegen.
9. Den Backofen auf 180 Grad vorheizen.
10. Die Hälfte des Mürbeteigs ausrollen und das Blech damit auslegen.
11. Die Äpfel auf dem Teig verteilen und die Rosinen darüberstreuen.
12. Die zweite Teighälfte ebenfalls zu einer Platte ausrollen und als Decke über die Äpfel legen.
13. Den Kuchen in den Ofen schieben und 35 bis 40 Minuten backen.
14. Aus dem Ofen nehmen und auskühlen lassen.
15. Für den Guss den Puderzucker mit dem Zitronensaft und etwas Wasser zu einer zähflüssigen Masse verrühren.
16. Den Kuchen damit bestreichen und den Guss fest werden lassen.

Pro Stück: 3 g Eiweiß, 42 g Kohlenhydrate, 10 g Fett, 270 Kilokalorien

 Tipp  Der gedeckte Apfelkuchen lässt sich gut schon am Vortag zubereiten.

Apfel-Haferflocken-Kuchen

Zutaten: (für 16 Stücke)

2 Äpfel (ca. 300 g), z.B. Elstar I etwas Zitronensaft I Butter und Paniermehl für die Form I
180 g Butter I 150 g Zucker I 1 Pck. Vanillezucker I 3 Eier I 150 g Mehl I 2 TL Backpulver I
100 g Haferflocken I 1 EL Milch I Puderzucker zum Bestreuen

Zubereitung:
1. Die Äpfel schälen, achteln, entkernen und in Scheiben schneiden.
2. Die Apfelscheiben mit Zitronensaft beträufeln.
3. Eine Kastenform einfetten und mit Paniermehl ausstreuen.
4. Den Backofen auf 180 Grad vorheizen.
5. Die Butter mit dem Zucker, dem Vanillezucker und den Eiern schaumig rühren.
6. Das Mehl mit dem Backpulver vermischen und mit den Haferflocken und der Milch unterrühren.
7. Die Apfelscheiben unter den Teig heben.
8. Den Teig in die Form füllen und glatt streichen.
9. Mit einem Messer eine Kerbe längs in die Mitte des Teigs ziehen.
10. Die Form in den Ofen stellen und 50 bis 55 Minuten backen.
11. Den Kuchen aus dem Ofen nehmen und auf einem Rost auskühlen lassen.
12. Den ausgekühlten Kuchen nach Geschmack mit Puderzucker bestreuen.

Pro Stück: 3 g Eiweiß, 19 g Kohlenhydrate, 11 g Fett, 210 Kilokalorien

Wer es schokoladig mag: Dieser Kuchen schmeckt auch sehr lecker
mit einem Guss aus Vollmilchkuvertüre. Die gemäß Packungsanleitung
verflüssigte Kuvertüre auf den noch warmen Kuchen streichen und den
Kuchen vor dem Schneiden vollständig abkühlen lassen.

Tipp

Apfelstrudel

Zutaten: (für 8 Stücke)

Für den Teig:
200 g Mehl I 1 Ei I 50 g Butter I 5 EL lauwarmes Wasser I 50 g zerlassene Butter

Für die Füllung:
5 Äpfel (750 g), z.B. Cox Orange oder Elstar I 50 g Rosinen I
50 g gemahlene Haselnüsse I 50 g Zucker I 2 Pck. Vanillezucker I
Zimt nach Geschmack I 2 EL Rum I 20 g zerlassene Butter

Zubereitung:
1. Mehl, Ei, Butter und Wasser zu einem glatten Teig verkneten.
2. Den Teig auf einem Stück Backpapier an einem warmen Ort 30 Minuten ruhen lassen.
3. In der Zwischenzeit die Äpfel schälen, achteln, entkernen und in Scheiben schneiden.
4. Die Apfelscheiben in eine Schüssel geben.
5. Rosinen, Haselnüsse, Zucker, Vanillezucker, Zimt und Rum zufügen und alles vermengen.
6. Den Strudelteig auf einem Küchentuch rechteckig ausrollen.
7. Mit bemehlten Händen unter den Teig greifen und von der Mitte nach außen hauchdünn ausziehen.
8. Den Backofen auf 180 Grad vorheizen.
9. Die Füllung auf den Strudelteig geben und gleichmäßig verteilen.
10. Den Teig mithilfe des Küchentuchs zur freien Seite hin einrollen.
11. Beim Einrollen die frei gewordenen Strudelteigaußenseiten jeweils mit etwas zerlassener Butter bestreichen.
12. Die Ecken der fertigen Rollen gut zusammendrücken.
13. Ein Backblech mit Backpapier belegen.
14. Den gefüllten Strudel mit der Teignaht nach unten auf das Backblech legen.
15. Die Oberseite ebenfalls mit zerlassener Butter einpinseln.
16. Den Strudel im Backofen 50 bis 60 Minuten backen.
17. Dabei zwischendurch ein- bis zweimal mit der restlichen Butter einpinseln.

Pro Portion: 5 g Eiweiß, 41 g Kohlenhydrate, 13 g Fett, 300 Kilokalorien

Tipp  Den Apfelstrudel noch warm mit Vanillesoße servieren.

Apfelstrudel

Apfelwaffeln mit Zimtsahne

Zutaten: (für 8 bis 10 Waffeln)

120 g Butter | 120 g Zucker | 1 Pck. Vanillezucker | 2 Eier | 200 g Mehl | 2 TL Backpulver |
Zimt | 200 ml Milch | 2 Äpfel (ca. 300 g), z.B. Elstar | etwas Zitronensaft | 250 g Sahne |
1 Pck. Vanillezucker

Zubereitung:
1. Butter, Zucker, Vanillezucker und Eier in einer Rührschüssel schaumig rühren.
2. Das Mehl mit dem Backpulver vermischen.
3. Das Mehlgemisch mit etwas Zimt und der Milch zufügen und alles zu einem Teig
   verrühren.
4. Die Äpfel schälen, vierteln, entkernen und auf einer Küchenreibe mittelfein reiben.
5. Die geriebenen Äpfel mit etwas Zitronensaft beträufeln und unter den Waffelteig
   heben.
6. Den Teig portionsweise im heißen Waffeleisen backen.
7. Die Sahne mit dem Vanillezucker steif schlagen, nach Geschmack etwas Zimt
   unterrühren.
8. Die Sahne zu den Waffeln servieren.

Pro Stück (bei 10 Waffeln): 5 g Eiweiß, 33 g Kohlenhydrate, 20 g Fett, 329 Kilokalorien

Apfel-Knusperkekse

Zutaten: (für ca. 50 Stück)

250 g weiche Butter | 150 g Zucker | 1 Pck. Vanillezucker | 2 Eier | 350 g Mehl |
1 Pck. Backpulver | 2 Äpfel (ca. 300 g), z.B. Braeburn | 100 g gemahlene Walnüsse |
100 g Cornflakes

Zubereitung:
1. Die Butter mit dem Zucker, Vanillezucker und den Eiern in eine Rührschüssel geben
   und schaumig rühren.
2. Mehl und Backpulver vermischen und unterrühren.

3. Den Backofen auf 180 Grad vorheizen.
4. Die Äpfel waschen, entkernen und mit Schale reiben.
5. Die geriebenen Äpfel mit den Nüssen und den Cornflakes zum Teig geben und unterheben.
6. Mit einem Kaffeelöffel kleine Bällchen vom Teig abnehmen und auf ein Backblech setzen.
7. Die Bällchen etwas flach drücken und im Backofen 10 bis 15 Minuten backen.
8. Aus dem Ofen nehmen und auf einem Kuchenrost auskühlen lassen.

Pro Stück: 1 g Eiweiß, 11 g Kohlenhydrate, 6 g Fett, 100 Kilokalorien

Apfel-Zimt-Muffins

Zutaten: (für ca.16 Muffins)

2 Äpfel (ca. 300 g), z.B. Kanzi I 150 g Butter I 2 Eier I 100 g Zucker I 1 Pck. Vanillezucker I 100 g Mehl I 2 TL Backpulver I 50 g gemahlene Mandeln I Zimt I Muffinförmchen

Zubereitung:
1. Die Äpfel schälen, vierteln, entkernen und mit einer Küchenreibe grob reiben.
2. Den Backofen auf 180 Grad vorheizen.
3. Die Butter mit den Eiern, dem Zucker und dem Vanillezucker schaumig rühren.
4. Das Mehl mit dem Backpulver vermischen und mit den Mandeln unterrühren.
5. Die Äpfel und den Zimt unter den Teig heben und alles vermengen.
6. Die Muffinförmchen nebeneinander auf ein Backblech setzen.
7. Den Teig mit einem Löffel in die Förmchen geben.
8. Die Muffins im Backofen 30 Minuten backen.

Pro Stück: 2 g Eiweiß, 13 g Kohlenhydrate, 10 g Fett, 160 Kilokalorien

Da der Teig mit Äpfeln eher schwer ist, setzt man am besten zwei Papierförmchen ineinander, damit die Muffins besser in Form bleiben.

Tipp

Apfel-Walnuss-Brot

Apfel-Walnuss-Brot

Zutaten: (für 1 Brot/18 Scheiben)

700 g Äpfel (z.B. Boskoop) I 75 g Zucker I 1 EL Zitronensaft I 1 EL Limettensaft I
200 g Walnüsse, grob gehackt I 150 g Rosinen I 250 g Mehl I 1 Pck. Backpulver I
etwas Zimt I 1 geh. TL Kakao

Zubereitung:

1. Die Äpfel schälen, achteln, entkernen und in feine Scheiben schneiden.
2. Die Äpfel in eine Schüssel geben.
3. Zucker, Zitronen- und Limettensaft zufügen und alles mit einem Löffel vermengen.
4. Die Walnüsse und die Rosinen ebenfalls zufügen und untermengen.
5. Alles an einem nicht zu kalten Ort 2 bis 3 Stunden durchziehen lassen.
6. Den Backofen auf 180 Grad vorheizen.
7. Eine Brotkastenform einfetten und mit Backpapier auslegen
   (die kurzen Seitenteile können dabei freibleiben).
8. Mehl, Backpulver, Zimt und Kakao in eine Rührschüssel geben.
9. Die Flüssigkeit, die sich unter der Apfelmischung angesammelt hat, zugießen und
   gut unterrühren.
10. Die Apfel-Walnuss-Mischung zufügen und unterheben.
11. Den Teig in die Backform geben.
12. Im Backofen circa 60 Minuten garen lassen.
13. Das Apfel-Walnuss-Brot auf einem Tortenrost auskühlen lassen.

Pro Scheibe: 3 g Eiweiß, 25 g Kohlenhydrate, 7 g Fett, 180 Kilokalorien

Schmeckt auch mit gehackten Haselnüssen oder
mit gemischten Nüssen.

Tipp

Apfel-Rosinen-Brot

Zutaten: (für 1 Brot/18 Scheiben)

500 g Mehl I 1 Würfel Hefe I 250 ml Milch I 3 EL Zucker I 60 g Butter I
1 Pck. Vanillezucker I 80 g getrocknete Apfelringe I 150 g Rosinen I Butter für die
Form I 1 EL Paniermehl

Zubereitung:

1. Das Mehl in eine Rührschüssel geben.
2. In die Mitte eine Vertiefung drücken und die Hefe dort hineinbröckeln.
3. Etwa 100 Milliliter Milch erwärmen.
4. Die warme Milch und 1 Esslöffel Zucker zur Hefe geben.
5. Vom Rand her mit etwas Mehl zuziehen und den Vorteig circa 30 Minuten an einem warmen Ort gehen lassen.
6. Die restliche Milch erwärmen.
7. Die Butter in der Milch zerlassen.
8. Die Milch-Butter-Flüssigkeit und den Vanillezucker zufügen und alles zu einem glatten Teig verkneten.
9. Die Apfelringe in Stücke schneiden.
10. Die Apfelstücke mit den Rosinen zum Teig geben und gut unterkneten.
11. Eine Kastenform mit Butter ausstreichen und mit Paniermehl ausstreuen.
12. Den Teig in die Form geben und in die Mitte längs eine Kerbe schneiden.
13. Den Teig nochmals circa 45 Minuten an einem warmen Ort gehen lassen.
14. Den Backofen auf 180 Grad vorheizen.
15. Das Apfel-Rosinen-Brot circa 50 Minuten backen.
16. Sollte das Brot zu dunkel werden, mit einem Stück Alufolie abdecken.

Pro Scheibe: 4 g Eiweiß, 33 g Kohlenhydrate, 4 g Fett, 180 Kilokalorien

Tipp

Noch lauwarm mit Apfelgelee genießen –
einfach lecker.

Apfel-Rosinen-Brot

Getränke und Eingemachtes

Apfelsaft

Zutaten: (ergibt ca. 2,8 l Saft)

2 kg Äpfel (z.B. Cox Orange) | 1 ½–2 l Wasser | ca. 150 g Zucker

Zubereitung:
1. Die Äpfel waschen, entstielen und ungeschält in Stücke schneiden.
2. Die Apfelstücke in einen großen Kochtopf geben und gut zerdrücken.
3. Das Wasser zu den Äpfeln geben (die Äpfel sollten knapp mit Wasser bedeckt sein) und zum Kochen bringen.
4. Bei kleiner Hitze die Äpfel weich, aber nicht zu Mus kochen.
5. Den Fruchtbrei auf ein Safttuch geben und durchlaufen lassen, dabei etwas auspressen.
6. Den so gewonnenen Saft abmessen, wieder in den Kochtopf geben und mit dem Zucker verrühren.
7. Alles noch einmal aufkochen lassen und 5 Minuten bei kleiner Hitze köcheln lassen.
8. Noch heiß in saubere Flaschen füllen und sofort verschließen.

Pro 100 ml: 0 g Eiweiß, 13 g Kohlenhydrate, 0 g Fett, 60 Kilokalorien

Rund um den Apfel

Apfelsaft

Der Saft sollte aufgrund seiner Zuckermenge zum Trinken mit
Wasser verdünnt werden.

Zum Entsaften größerer Mengen eignet sich am besten ein
sogenannter Dampfentsafter.

Größere Saftmengen, die nicht innerhalb weniger Tage
verbraucht werden, müssen in den verschlossenen Flaschen
circa 25 Minuten bei 75 Grad sterilisiert werden.

Apfel-Zimt-Likör

Zutaten: (ergibt ca. 1,8 l Likör)

800 ml klarer Apfelsaft I 250 g weißer Kandiszucker I 2 Zimtstangen I
700 ml weißer Rum I 1 saftiger Apfel (z.B. Cox Orange)

Zubereitung:
1. Den Apfelsaft mit dem Kandiszucker erhitzen.
2. Dabei umrühren, bis der Kandis sich aufgelöst hat.
3. Die Zimtstangen zufügen.
4. Den Saft in eine verschließbare Schüssel gießen und abkühlen lassen.
5. Den Rum zugießen.
6. Den Apfel waschen, vierteln, entkernen und in Stücke schneiden.
7. Die Apfelstücke mit in die Schüssel geben.
8. Die Schüssel verschließen und im Kühlschrank 1 bis 2 Tage ziehen lassen.
9. Den Likör abseihen und in Flaschen füllen.
10. Gut gekühlt servieren.

Pro Glas (2 cl): 0 g Eiweiß, 4 g Kohlenhydrate, 0 g Fett, 40 Kilokalorien

Apfel-Powerdrink

Zutaten: (ergibt ca. 1,8 l Drink)

450 ml Apfelsaft I 100 ml Limettensaft I 450 ml kaltes Mineralwasser I Eiswürfel I
2 Scheiben einer unbeh. Zitrone I 2–3 Minzblätter

Zubereitung:
1. Den Apfelsaft und den Limettensaft in einen Krug gießen.
2. Mineralwasser und Eiswürfel zugießen und verrühren.
3. Die Zitronenscheiben halbieren und mit den Minzblättern in den Krug geben.
4. Eiskalt servieren.

Pro Portion: 0 g Eiweiß, 13 g Kohlenhydrate, 0 g Fett, 60 Kilokalorien

Apfelbowle

Apfelbowle

Zutaten: (ergibt ca. 1,8 l Bowle)

1 kg Äpfel (z.B. Cox Orange) I 1 EL Zitronensaft I 4 EL Zucker I 2–3 Zimtstangen I
1 Flasche Cidre I 1 Flasche halbtrockener Sekt

Zubereitung:
1. Die Äpfel schälen, vierteln, entkernen und in Stücke schneiden.
2. Mit dem Zitronensaft beträufeln und in einen Topf geben.
3. Zucker, Zimtstangen und Cidre zugeben und alles einmal aufkochen lassen.
4. Bei geringer Hitze circa 5 Minuten dünsten lassen.
5. Vom Herd nehmen und abkühlen lassen.
6. Mindestens 1 bis 2 Stunden an einem kühlen Ort ziehen lassen.
7. Die Zimtstange entfernen.
8. Mit Sekt auffüllen und vor dem Servieren einmal gut durchrühren.

Pro Portion: 1 g Eiweiß, 67 g Kohlenhydrate, 1 g Fett, 480 Kilokalorien

Getränke und Eingemachtes

Apfel-Teepunsch

Zutaten:

500 ml Wasser I 2 Beutel schwarzer Tee I 500 ml naturtrüber Apfelsaft I
Saft von ½ Orange I 1–2 EL Limettensaft I 1 EL Akazienhonig I ½ Zimtstange I 2 Nelken

Zubereitung:
1. Das Wasser in einem Topf erhitzen.
2. Den Tee darin 2 bis 3 Minuten ziehen lassen.
3. Die Teebeutel entfernen.
4. Apfel-, Orangen- und Limettensaft zufügen.
5. Honig, Zimtstange und Nelken ebenfalls zufügen.
6. Alles unter Rühren erhitzen, nicht kochen lassen.
7. Den Punsch eventuell mit Honig abschmecken und in Gläser füllen.

Pro Portion: 1 g Eiweiß, 18 g Kohlenhydrate, 0 g Fett, 90 Kilokalorien

Tipp  Wenn es ein Punsch mit „Schuss" sein soll: 1 Schnapsglas Calvados in
Glühweingläser geben und mit Apfel-Teepunsch auffüllen.

Heißer Apfelwein mit Pflaume

Zutaten:

1 l Apfelwein I 2 EL Pflaumensaft I 5 getrocknete Pflaumen I ½ Zimtstange I 1 EL Zucker I
1 EL Rosinen I 4 Kandissticks

Zubereitung:
1. Den Apfelwein in einen Topf gießen.
2. Den Pflaumensaft zufügen.

3. Die Pflaumen vierteln und mit der Zimtstange, dem Zucker und den Rosinen zufügen.
4. Alles verrühren und mindestens 30 Minuten ziehen lassen.
5. Den Wein mit allen Zutaten vorsichtig bis kurz vor dem Kochen erhitzen.
6. Den Topf vom Herd nehmen, mit einem Deckel verschließen und nochmals 10 Minuten ziehen lassen.
7. Punsch- oder Teegläser bereitstellen.
8. In jedes Glas einen Kandisstick stellen.
9. Den heißen Wein durch ein Sieb gießen und die Gläser auffüllen.
10. Sofort servieren.

Pro Portion: 0 g Eiweiß, 51 g Kohlenhydrate, 0 g Fett, 300 Kilokalorien

Heißer Apfelpunsch mit Schuss

Zutaten:

1 l Apfelsaft I Saft von 1 Orange I etwas Zitronensaft I 2 Zimtstangen I 2 EL Honig I 4 cl Amaretto

Zubereitung:
1. Den Apfelsaft in einen kleinen Topf geben.
2. Den Saft der Orange, den Zitronensaft und die Zimtstangen zufügen.
3. Die Flüssigkeit erhitzen, aber nicht kochen.
4. Den Honig zufügen und unterrühren.
5. Je circa 1 Zentiliter Amaretto in vier hitzebeständige Gläser gießen.
6. Die Zimtstangen aus dem Punsch entfernen.
7. Die Gläser mit der heißen Saftmischung auffüllen.
8. Sofort servieren.

Pro Portion: 1 g Eiweiß, 39 g Kohlenhydrate, 1 g Fett, 200 Kilokalorien

Apfelmus

Apfelmus

Zutaten: (für 4 Gläser à 400–450 g)

2 kg Äpfel (z.B. Klarapfel oder Boskoop) I 150 ml Wasser I ca. 1 EL Zucker

Zubereitung:
1. Die Äpfel schälen, vierteln, entkernen und in grobe Stücke schneiden.
2. Die Apfelstücke mit kaltem Wasser abspülen und in einen Kochtopf geben.
3. Das Wasser zugießen und die Äpfel einmal aufkochen lassen.
4. Bei geringer Hitze 10 bis 12 Minuten garen lassen.
5. Die Äpfel durch ein Sieb streichen und mit Zucker abschmecken.

Pro Portion (80 g): 0 g Eiweiß, 11 g Kohlenhydrate, 0 g Fett, 50 Kilokalorien

Rund um den Apfel

Wissenswertes rund um Apfelmus

Apfelmus ist eine beliebte Beilage zu Reibeplätzchen, Geflügel- und Wildgerichten, die man in vielen Geschmacksvariationen zubereiten kann:

- Angeschwipst mit Calvados und Kardamom:
  Äpfel wie beschrieben kochen, Wasser je zur Hälfte durch Apfelsaft und Calvados austauschen und eine Prise Kardamom zufügen.

- Süß mit Mandeln und Rosinen:
  Zum Ende der Garzeit 50 Gramm Rosinen und 50 Gramm gehackte Mandeln zufügen. Äpfel grob zerstampfen und mit Zucker abschmecken.

- Würzig mit Zimt und Sternanis:
  Apfelmus wie beschrieben kochen, Wasser dabei durch Apfelsaft ersetzen.
  1 Zimtstange in Stücke brechen und mit 3 Sternanis und 2 Scheiben Zitrone circa 10 Minuten kochen. Gewürze und Zitrone entfernen, Äpfel zerstampfen und mit Zucker abschmecken.

Apfelmus lässt sich hervorragend einkochen – bitte beachten Sie die Betriebsanleitung Ihres Einkochgeräts. Auch ohne eingekocht zu werden ist Apfelmus, das in saubere Schraubgläser gefüllt wird, gut verschlossen und kühl aufbewahrt, etwa drei Monate haltbar.

Apfelmus kann man auch gut fertig einfrieren, es ist in der Tiefkühltruhe etwa 12 Monate haltbar.

Sogenannte „Kochäpfel" für Apfelmus müssen nicht perfekt sein. Auch Früchte mit leichten Druckstellen können verwendet werden.

Eine Variante von Apfelmus ist das Apfelkompott: Die Äpfel bleiben nach dem Kochen stückig, sie werden also nicht durch ein Sieb gestrichen oder zerstampft, sondern nur durchgerührt und mit Zucker abgeschmeckt.

Apfel-Mango-Mus

Zutaten: (für 4 Portionen als Beilage)

4 Äpfel (600 g), z.B. Braeburn oder Elstar | 1 Mango | 1 EL Zucker | 150 ml Wasser

Zubereitung:
1. Die Äpfel waschen, schälen, entkernen und grob würfeln.
2. Die Mango schälen und in Stücke schneiden.
3. Äpfel- und Mangostücke in einen Kochtopf geben.
4. Zucker und Wasser zufügen und alles zum Kochen bringen.
5. Bei geringer Hitze 8 bis 10 Minuten köcheln lassen.
6. Etwas abkühlen lassen und das Obst mit einem Pürierstab pürieren.
7. Eventuell noch einmal mit etwas Zucker abschmecken.
8. Das Apfel-Mango-Mus in eine Schüssel geben und abkühlen lassen.

Pro Portion: 1 g Eiweiß, 29 g Kohlenhydrate, 1 g Fett, 130 Kilokalorien

Apfelgelee

Zutaten: (für 7 Gläser à 185 ml)

750 ml Apfelsaft (selbst gemacht oder Direktsaft) | 1 Zimtstange | 2 Beutel Apfeltee | 1 kg Gelierzucker 1:1

Zubereitung:
1. Den Apfelsaft in einen Topf gießen.
2. Die Zimtstange zufügen und den Saft erhitzen.
3. Die Teebeutel in den Saft hängen und circa 4 Minuten darin ziehen lassen.
4. Zimtstange und Teebeutel entfernen.
5. Den Gelierzucker in den Saft rühren.
6. Den Saft zum Kochen bringen und 4 Minuten sprudelnd kochen lassen.
7. Das Gelee in saubere Gläser füllen und fest verschließen.

Pro 30 g: 0 g Eiweiß, 25 g Kohlenhydrate, 0 g Fett, 100 Kilokalorien

Dreifrucht im Glas

Dreifrucht im Glas

Zutaten: (für 4 Einkochgläser à 1 l)

1 kg Äpfel (z.B. Jonagold) I 1 kg Birnen I 1 kg Pflaumen I 1 l Wasser I
500 g Einmachzucker I 1 EL Zitronensaft

Zubereitung:
1. Die Äpfel und Birnen waschen, schälen, achteln und entkernen.
2. Die Pflaumen waschen, trocken tupfen, halbieren und entkernen.
3. Das Wasser mit dem Zucker und dem Zitronensaft in einen Kochtopf geben und
    einmal aufkochen lassen.
4. Die Pflaumen-, Birnen- und Apfelstücke schichtweise in vorbereitete Gläser füllen
    und mit der heißen Zuckerlösung übergießen. Das Obst sollte knapp bedeckt sein.
5. Die Gläser verschließen und bei 90 Grad 30 Minuten sterilisieren.

Pro 100 g: 0 g Eiweiß, 27 g Kohlenhydrate, 0 g Fett, 120 Kilokalorien

Sehr harte Birnen und Äpfel sollten in dem Zitronen-
Zucker-Wasser 5 Minuten vorgekocht werden.

Tipp

Bratapfelkonfitüre

Zutaten: (für 6 Gläser à 210 ml)

50 g Rosinen I 4 EL Rum I 200 ml naturtrüber Apfelsaft I
1,2 kg Äpfel (z.B. Boskoop oder Cox Orange) I 2 EL Zitronensaft I 2 Zimtstangen I
50 g gehackte Mandeln I 1 kg Gelierzucker 1:1

Zubereitung:
1. Rosinen und Rum in eine kleine Schüssel geben, gut vermengen und circa
   1 Stunde ziehen lassen.
2. Den Apfelsaft in einen Topf gießen.
3. Die Äpfel schälen, vierteln und entkernen.
4. Die Hälfte der Äpfel in Scheiben schneiden, die andere Hälfte grob reiben.
5. Die Äpfel mit dem Zitronensaft vermengen und in den Saft geben.
6. Die Zimtstangen zufügen.
7. Alles einmal aufkochen und bei geringer Hitze circa 5 Minuten köcheln lassen.
8. Die Rumrosinen und Mandeln zufügen.
9. Alles noch einmal aufkochen lassen.
10. Den Gelierzucker unterrühren und die Mischung 4 Minuten sprudelnd kochen lassen.
11. Die Zimtstangen entfernen.
12. Die Konfitüre sofort in saubere Gläser füllen und fest verschließen.

Pro 30 g: 0 g Eiweiß, 27 g Kohlenhydrate, 1 g Fett, 130 Kilokalorien

Apfel-Marzipan-Konfitüre

Zutaten: (für 6 Gläser à 210 ml)

1,2 kg Äpfel (z.B. Boskoop oder Cox Orange) I 300 ml Apfelsaft I 1 EL Limettensaft I
2–3 Tropfen Bittermandelöl I 4 cl Calvados I 125 g Marzipan I 1 kg Gelierzucker 1:1

Zubereitung:
1. Die Äpfel schälen, entkernen und würfeln.
2. Die Apfelwürfel in einen Topf geben.
3. Den Apfel- und Limettensaft zugießen.
4. Alles einmal aufkochen und bei geringer Hitze 8 bis 10 Minuten köcheln lassen.
5. Bittermandelöl und Calvados zufügen und unterrühren.
6. Das Marzipan zerpflücken und ebenfalls unterrühren.
7. Den Gelierzucker zufügen, unterrühren und alles einmal aufkochen lassen.
8. Sprudelnd 4 Minuten köcheln lassen.
9. Sofort in saubere Gläser füllen und fest verschließen.

Pro 30 g: 0 g Eiweiß, 29 g Kohlenhydrate, 1 g Fett, 130 Kilokalorien

Apfel-Holunder-Gelee

Zutaten: (für 6 Gläser à 210 ml)

350 ml Apfelsaft I 400 ml Holundersaft I 1 kg Gelierzucker 1:1

Zubereitung:
1. Den Apfelsaft mit dem Holundersaft in einen Kochtopf gießen.
2. Den Saft mit dem Gelierzucker zum Kochen bringen.
3. 4 Minuten sprudelnd kochen lassen.
4. Das fertige Gelee etwas abschäumen, sofort in vorbereitete Gläser füllen und
   die Gläser fest verschließen.

Pro 30 g: 0 g Eiweiß, 25 g Kohlenhydrate, 0 g Fett, 110 Kilokalorien

Apfel-Johannisbeer-Gelee

Zutaten: (für 6 Gläser à 210 ml)

500 ml Apfelsaft | 250 ml Roter Johannisbeersaft | 1 kg Gelierzucker 1:1

Zubereitung:
1. Den Apfel- und Johannisbeersaft mit dem Gelierzucker in einen Kochtopf geben und verrühren.
2. Alles zum Kochen bringen und 4 Minuten sprudelnd kochen lassen.
3. Sofort in saubere Gläser füllen und die Gläser fest verschließen.

Pro 30 g: 0 g Eiweiß, 26 g Kohlenhydrate, 0 g Fett, 110 Kilokalorien

Tipp

Das Gelee kann man auch mit einem anderen roten Saft (zum Beispiel Kirschsaft) zubereiten. Das ansonsten oft farblose Apfelgelee bekommt durch den roten Saft eine kräftigere und appetitlichere Farbe.

Apfel-Mirabellen-Konfitüre

Zutaten: (für 6 Gläser à 240 ml)

500 g Äpfel, fertig geschält und entkernt (z.B. Jonagold) | etwas Zitronensaft | 500 g Mirabellen, gesäubert und entsteint | 1 kg Gelierzucker 1:1

Zubereitung:
1. Die Äpfel in Würfel schneiden und mit etwas Zitronensaft beträufeln.
2. Die Mirabellen halbieren und mit den Äpfeln in einen Kochtopf geben.
3. Die Früchte je nach Geschmack nur grob oder fein pürieren.

4. Den Gelierzucker unterrühren und alles zum Kochen bringen.
5. 4 Minuten sprudelnd kochen lassen.
6. Sofort in saubere Gläser füllen und fest verschließen.

Pro 30 g: 0 g Eiweiß, 23 g Kohlenhydrate, 0 g Fett, 100 Kilokalorien

Apfelwein

Zutaten: (für 10 Liter Wein)

10 l frisch zubereiteter Apfelsaft l 1 Flasche Weinhefe (Reinzuchthefe) für 10 l Saft l
2 Hefenährsalztabletten

Zusätzlich:
1 Gärbehälter (Glasballon oder Kunststoffbehälter) l 1 Gärverschluss

Zubereitung:
1. Den Apfelsaft, bis auf 3 Esslöffel, in den Gärbehälter füllen.
2. Die Weinhefe gut schütteln und ebenfalls in den Gärbehälter geben.
3. Den restlichen Apfelsaft etwas erwärmen und gut mit den Hefenährsalztabletten verrühren.
4. Alles mit in den Gärballon geben und gut verschütteln.
5. Den Gärverschluss mit etwas Wasser füllen und aufsetzen.
6. Den Behälter an einem etwa 22 Grad warmen Ort aufstellen.
7. Abwarten, bis nach 3 bis 4 Wochen die Gärung vollkommen abgeschlossen ist
   (sie beginnt nach 2 bis 3 Tagen) und sich die Hefereste unten im Gefäß abgesetzt haben.
8. Dann den Apfelwein in Flaschen füllen.

Pro Glas (150 ml): 0 g Eiweiß, 16 g Kohlenhydrate, 0 g Fett, 70 Kilokalorien

Apfelwein

Wichtige Tipps für gelungenen Apfelwein:

- Am besten nimmt man nicht nur eine Sorte Äpfel zur Herstellung von Apfelwein, sondern mischt verschiedene Sorten für eine optimale Süße.
- Der verwendete Apfelsaft muss frisch zubereitet sein; mit konserviertem Apfelsaft gelingt eine Weinherstellung nicht zufriedenstellend.
- Frischer Apfelsaft im Gärbehälter gärt im Prinzip schon von ganz allein ohne Zusatz von Weinhefe; bei dieser „wilden" Gärung entstehen aber teilweise bitter schmeckende Alkohole.
- Es gibt unterschiedliche Weinhefen, jeweils passend für die gewählte Obstsorte. Weinhefe ist unter anderem in Drogerien, Weingeschäften und in Internetshops erhältlich.
- Das Gefäß sollte nur etwa zu zwei Dritteln gefüllt werden, damit genug Platz für die Gärung bleibt.
- Da das Wasser im Gärverschluss den Luftabschluss für die Gärung bildet, muss es ab und zu geprüft und aufgefüllt werden. Dieses gebogene, wassergefüllte Röhrchen verhindert den Zutritt von Sauerstoff, der bei der Weinzubereitung nicht erwünscht ist. Gleichzeitig kann aus dem Inneren des Ballons das bei der Gärung entstehende Kohlendioxid entweichen.
- Die Raumtemperatur sollte nicht schwanken, sondern möglichst konstant bei 22 Grad liegen.

Apfelessig

Zutaten:

5 l fertig zubereiteter Apfelwein (siehe Rezept auf Seite 119) l
500 ml Essigmutter (100 ml pro Liter)

Zubereitung:
1. Den Apfelwein in ein großes Glas, einen Krug oder eine Flasche gießen.
2. Die Essigmutter zufügen und alles gut verrühren.
3. Das Gefäß mit einem sauberen Bauchwollstoff oder einer Watteschicht abdecken.
4. Die Abdeckung eventuell mit einem Gummiring fixieren, damit nicht zu viel Sauerstoff an den Essig kommt.
5. Das Gefäß an einem 25 bis 30 Grad warmen Ort 2 bis 3 Wochen stehen lassen, dabei einmal pro Woche kurz öffnen und die Flüssigkeit vorsichtig umrühren.
6. Den fertigen Essig mit einem sauberen Löffel umrühren und probieren – er sollte einen reifen Essiggeschmack haben.
7. Hat er noch nicht die nötige Reife, das Gefäß wieder verschließen und noch eine weitere Woche stehen lassen, dann erneut probieren.
8. Den fertigen Apfelessig durch einen Kaffeefilter in saubere Flaschen füllen und verschließen.

Pro 20 ml: 0 g Eiweiß, 0 g Kohlenhydrate, 0 g Fett, 10 Kilokalorien

Tipps für die Herstellung von Apfelessig:

- Bei der Essigzubereitung sollte das Gefäß nur etwa zu zwei Dritteln gefüllt sein.
- Das Gefäß muss penibel sauber sein, da sich sonst Schimmel bildet.
- Essigmutter ist in Bioläden erhältlich. Man benötigt sie als „Starthilfe", um die Essigsäurebildung in Gang zu setzen.
- Man kann auch ohne fertige Essigmutter Essig herstellen, der Prozess dauert dann nur einige Wochen länger. Die Essigmutter bildet sich dann langsam von allein und ist sichtbar in Form einer weißen Schicht auf dem Essigansatz.
- Für die Essigzubereitung ist eine gleichbleibende Temperatur von 25 bis 30 Grad ideal.
- Die Abdeckung mit dem Wattebausch gelingt nur, wenn die Gefäßöffnung nicht so groß ist, zum Beispiel bei einem Flaschenhals.

Aromatischer Apfelessig

Zutaten:

1 kg reife, saftige Äpfel | 250 ml Apfelsaft | 1 l fertiger Apfel- oder Weinessig |
1–2 Zimtstangen

Zubereitung:
1. Die Äpfel waschen und mit Kerngehäuse und Schale in 1 bis 2 Zentimeter dicke
    Scheiben schneiden.
2. Die Apfelscheiben in ein großes Gefäß legen.
3. Den Apfelsaft und Essig zugießen, die Zimtstange zufügen.
4. Alles gut verrühren.
5. Das Gefäß mit einem Baumwolltuch verschließen und an einem circa 20 Grad
    warmen Ort 2 bis 3 Wochen reifen lassen.
6. Den Essig noch einmal gut durchrühren.
7. Durch einen Kaffeefilter gießen, in saubere Flaschen füllen und gut verschließen.

Pro 20 ml: 0 g Eiweiß, 2 g Kohlenhydrate, 0 g Fett, 17 Kilokalorien

Tipp

Apfelessig schmeckt hervorragend im Salatdressing
mit Öl, Kräutern und etwas Akazienhonig.

Feiner Apfelsenf

Zutaten: (für 4 Gläser à 175 ml)

2 mittelgroße Zwiebeln | 2–3 Knoblauchzehen | 2 große Äpfel (400 g), z.B. Cox Orange |
500 ml Apfelessig | 125 ml Weißweinessig | 125 ml Wasser | 5 Nelken | 3 Lorbeerblätter |
10 schwarze Pfefferkörner | 1 Prise Zucker | 200 g gelbes Senfmehl | ¼ TL Salz

Feiner Apfelsenf

Zubereitung:

1. Die Zwiebeln und den Knoblauch schälen und vierteln.
2. Die Äpfel waschen, schälen, vierteln und entkernen.
3. Beide Essigsorten mit dem Wasser in einen Topf gießen.
4. Äpfel, Nelken, Lorbeerblätter, Pfeffer und Zucker zufügen.
5. Alles zum Kochen bringen und circa 15 Minuten zugedeckt köcheln lassen.
6. Alles auf ein Sieb gießen und den Essigsud dabei auffangen.
7. Das Senfmehl mit dem Salz in eine Schüssel geben.
8. Den Essigsud portionsweise zugießen und die Mischung immer wieder glatt rühren.
9. Den Senf noch einmal gut durchrühren, in Steinguttöpfe oder saubere Gläser füllen und gut verschließen.

Pro 20 g: 1 g Eiweiß, 4 g Kohlenhydrate, 0 g Fett, 30 Kilokalorien

Tipp

Fertig gemahlene Senfmehle finden Sie bei guten Gewürzhändlern.

Der Apfelsenf hat eine milde Schärfe und schmeckt hervorragend zum Beispiel zu Bratwurst oder Frikadellen.

Je nach Geschmack noch ½ Teelöffel Gartenkräuter unter den fertigen Senf rühren.

Apfel-Zwiebel-Schmalz

Apfel-Zwiebel-Schmalz

Zutaten:

1 kg fetter Räucherspeck I 3 große Äpfel (500– 600 g), z.B. Boskoop I
3 große Zwiebeln I Salz I schwarzer Pfeffer I Majoran

Zubereitung:
1. Den Speck durch den Fleischwolf drehen oder in kleine Würfel schneiden.
2. Den Speck in einen Topf geben, langsam erhitzen und auslassen, dabei immer wieder umrühren.
3. Die Äpfel schälen, mit einem Apfelausstecher entkernen und mit Schale in Spalten schneiden.
4. Die Zwiebeln schälen und vierteln.
5. Äpfel und Zwiebeln in das zerlassene Fett geben und 5 bis 10 Minuten schmoren lassen.
6. Äpfel und Zwiebeln aus dem Fett nehmen.
7. Das Schmalz durch ein Sieb in eine Stein- oder Porzellanschüssel gießen.
8. Die Grieben, die dabei im Sieb verbleiben, zur Seite stellen.
9. Das Schmalz etwas abkühlen lassen und mit Salz, Pfeffer und Majoran abschmecken.
10. Das Schmalz immer wieder durchrühren.
11. Bevor es ganz erstarrt ist, noch einmal durchrühren und die Grieben unterrühren.
12. Das Schmalz in einen Topf mit Deckel geben und gut verschließen.

Pro 30 g: 1 g Eiweiß, 0 g Kohlenhydrate, 27 g Fett, 340 Kilokalorien

Das Schmalz schmeckt hervorragend auf dunklem Brot.
Mit kleinen Brotscheiben kann man es auch gut als Vorspeise reichen.

Sind die Grieben nicht knusprig, kann man sie kurz in einer Pfanne nachrösten, bevor man sie wieder zum Schmalz gibt.

Tipp

Anhang

Alphabetisches Verzeichnis der Rezepte

Apfel-Aprikosen-Mus mit Häubchen --- 82

Apfel-Baiser-Schnitten -------------------- 86

Apfelbowle-------------------------------109

Apfel-Curry-Suppe------------------------ 26

Apfeldessert mit Joghurthaube ---------- 74

Apfelessig----------------------------------121

Apfelflammkuchen ------------------------ 64

Apfelgelee----------------------------------114

Apfel-Gnocchi-Topf----------------------- 60

Apfelgrütze auf Eis ----------------------- 75

Apfel-Haferflocken-Kuchen--------------- 97

Apfel-Holunder-Gelee---------------------117

Apfel-Joghurtmousse --------------------- 77

Apfel-Johannisbeer-Gelee----------------118

Apfel-Kartoffel-Püree mit

Speck und Zwiebeln----------------------- 47

Apfel-Käsekuchen ------------------------ 92

Apfel-Knusperkekse ---------------------100

Apfel-Krabben-Salat---------------------- 38

Apfelkuchen mit Frischkäsehaube------- 87

Apfel-Lachs-Röllchen---------------------- 20

Apfel-Mango-Mus ------------------------114

Apfel-Marzipan-Konfitüre---------------117

Apfel-Matjes-Teller------------------------ 21

Apfelmilchreis------------------------------ 68

Apfel-Mirabellen-Konfitüre -------------118

Apfelmus -----------------------------------112

Apfel-Nussnugat-Kuchen

vom Blech ---------------------------------- 90

Apfelpfannkuchen------------------------- 62

Apfel-Porree-Salat ------------------------ 34

Apfel-Powerdrink ------------------------108

Apfel-Rindfleisch-Salat------------------- 39

Apfelrisotto-------------------------------- 61

Apfel-Rosinen-Brot ----------------------104

Apfel-Rote-Bete-Salat -------------------- 38

Apfel-Rum-Rosinen-Creme -------------- 76

Apfelsaft -----------------------------------106

Apfel-Sauerbraten ------------------------ 42

Apfelsauerkraut --------------------------- 60

Apfel-Sauerkraut-Salat------------------- 34

Apfelstreuselkuchen---------------------- 84

Apfelstrudel ------------------------------- 98

Apfel-Teepunsch --------------------------110

Apfel-Tiramisu ---------------------------- 80

Apfeltorte mit

gebackener Weincreme------------------- 89

Apfelwaffeln mit Zimtsahne -----------100

Apfel-Walnuss-Brot ------------------------103

Apfelwein --------------------------------119

Apfel-Wein-Suppe mit
Schneeflöckchen --------------------- 32

Apfel-Zimt-Likör -----------------------108

Apfel-Zimt-Muffins --------------------101

Apfel-Zucchini-Puffer --------------------- 16

Apfel-Zwiebel-Quiche --------------------- 54

Apfel-Zwiebel-Schmalz -----------------125

Apfel-Zwiebel-Schnecken ---------------- 22

Aromatischer Apfelessig -----------------122

Bratapfel aus der Pfanne mit
Vanillesoße --------------------------- 79

Bratapfel mit Cornflakes-
Schoko-Füllung ---------------------- 76

Bratapfelkonfitüre ----------------------116

Calvados-Sahne-Creme -------------------- 74

Cremige Apfel-Sellerie-Suppe ----------- 28

Dreifrucht im Glas ----------------------115

Entenbrustfilets mit Zwiebel-
Apfel-Gemüse ----------------------- 51

Feiner Apfelsenf -----------------------122

Fisch in Apfel-Weißwein-Soße ----------- 48

Gebratene Leber mit Apfel-
Champignon-Gemüse -------------------- 46

Gedeckter Apfelkuchen vom Blech ----- 96

Gulasch mit Äpfeln ---------------------- 40

Hackfleisch-Apfel-Frikadellen ----------- 55

Hähnchen-Apfel-Geschnetzeltes -------- 56

Hähnchenteller mit Apfelchutney ------- 19

Heißer Apfelpunsch mit Schuss --------111

Heißer Apfelwein mit Pflaume ---------110

Herzhafte Apfel-Blätterteigpastete ------ 53

Kartoffel-Apfel-Auflauf mit
Rinderwurst -------------------------- 43

Kartoffel-Apfel-Suppe mit
Rote-Bete-Einlage -------------------- 31

Lauwarme Apfelsuppe mit Vanilleeis ---- 32

Lauwarmer Apfel-Thunfisch-Salat ------- 37

Mohn-Marzipan-Torte mit
Apfelfüllung -------------------------- 90

Quarkknödel mit Apfel-
Wein-Kompott ---------------------- 67

Rinder-Apfel-Rouladen -------------------- 59

Salatteller mit Apfeldressing ------------- 23

Schnelle Apfel-Linsen-Suppe ------------- 29

Schnelle Apfelteilchen -------------------- 95

Schnitzelnuggets mit
Apfel-Cranberry-Soße --------------------- 25

Spaghetti mit Apfel-Porree-Soße -------- 45

Spekulatiusapfel im Teigmantel --------- 70

Süßer Nudel-Apfel-Auflauf -------------- 65

Süßsaures Apfelgemüse zu
gebratenem Lachs ------------------------ 50

Versunkene Äpfel in Milchreis ----------- 65

Wintertraum mit Apfel und
Spekulatius -------------------------- 82

Zimtsahneapfel auf Vanilleeis ----------- 72

Alphabetisches Verzeichnis der Rezepte

Apfel-Walnuss-Brot ------------------------103
Apfelwein------------------------------------119
Apfel-Wein-Suppe mit
Schneeflöckchen --------------------------- 32
Apfel-Zimt-Likör-----------------------------108
Apfel-Zimt-Muffins ---------------------------101
Apfel-Zucchini-Puffer------------------------ 16
Apfel-Zwiebel-Quiche ---------------------- 54
Apfel-Zwiebel-Schmalz -------------------125
Apfel-Zwiebel-Schnecken ----------------- 22
Aromatischer Apfelessig------------------122

Bratapfel aus der Pfanne mit
Vanillesoße ----------------------------------- 79
Bratapfel mit Cornflakes-
Schoko-Füllung------------------------------ 76
Bratapfelkonfitüre -------------------------116

Calvados-Sahne-Creme--------------------- 74
Cremige Apfel-Sellerie-Suppe ------------ 28

Dreifrucht im Glas --------------------------115

Entenbrustfilets mit Zwiebel-
Apfel-Gemüse ------------------------------- 51

Feiner Apfelsenf-----------------------------122
Fisch in Apfel-Weißwein-Soße ----------- 48

Gebratene Leber mit Apfel-
Champignon-Gemüse --------------------- 46
Gedeckter Apfelkuchen vom Blech ----- 96
Gulasch mit Äpfeln ------------------------- 40

Hackfleisch-Apfel-Frikadellen------------- 55
Hähnchen-Apfel-Geschnetzeltes -------- 56
Hähnchenteller mit Apfelchutney ------- 19

Heißer Apfelpunsch mit Schuss ---------111
Heißer Apfelwein mit Pflaume ----------110
Herzhafte Apfel-Blätterteigpastete------ 53

Kartoffel-Apfel-Auflauf mit
Rinderwurst --------------------------------- 43
Kartoffel-Apfel-Suppe mit
Rote-Bete-Einlage-------------------------- 31

Lauwarme Apfelsuppe mit Vanilleeis ---- 32
Lauwarmer Apfel-Thunfisch-Salat ------- 37

Mohn-Marzipan-Torte mit
Apfelfüllung--------------------------------- 90

Quarkknödel mit Apfel-
Wein-Kompott------------------------------ 67

Rinder-Apfel-Rouladen--------------------- 59

Salatteller mit Apfeldressing-------------- 23
Schnelle Apfel-Linsen-Suppe ------------ 29
Schnelle Apfelteilchen -------------------- 95
Schnitzelnuggets mit
Apfel-Cranberry-Soße---------------------- 25
Spaghetti mit Apfel-Porree-Soße -------- 45
Spekulatiusapfel im Teigmantel --------- 70
Süßer Nudel-Apfel-Auflauf -------------- 65
Süßsaures Apfelgemüse zu
gebratenem Lachs ------------------------- 50

Versunkene Äpfel in Milchreis------------ 65

Wintertraum mit Apfel und
Spekulatius --------------------------------- 82

Zimtsahneapfel auf Vanilleeis ----------- 72

Alphabetisches Verzeichnis der Rezepte

Leckeres aus der Landküche zu allen Gelegenheiten

AUFLÄUFE UND GRATINS

144 Seiten
farbig, gebunden
ISBN 978-3-86127-884-9

Anne Ridder
ALLES KARTOFFEL!

128 Seiten
farbig, gebunden
ISBN 978-3-8404-3512-6

BACKOFENTRÄUME

128 Seiten
farbig, gebunden
ISBN 978-3-8404-3514-0

Hanna Renz
RUND UMS EI

144 Seiten
farbig, gebunden
ISBN 978-3-8404-3511-9

VERFÜHRERISCHE NACHSPEISEN

128 Seiten
farbig, gebunden
ISBN 978-3-8404-3513-3

Irina Frank
KLEINE TÖRTCHEN

128 Seiten
farbig, gebunden
ISBN 978-3-8404-3516-4

Cadmos Verlag GmbH · Möllner Straße 47 · 21493 Schwarzenbek
Telefon 04151 87 90 70 · Fax 04151 87 90 7-12
Besuchen Sie uns im Internet: **www.cadmos.de**